Peter Bozek

Geländespiele

in Theorie und Praxis

ISBN 9 783839 140291

Herstellung und Verlag: Books on Demand GmbH, Norderstedt

Inhaltsverzeichnis

1

1.1 Geländespiele?

Geländespiele sind groß, sie machen Spaß und sind ein intensives Erlebnis für jeden Spieler. Jeder hat schon einmal von ihnen gehört oder sogar selbst mitgespielt. Manche guten Spielideen werden gehütet wie ein Augapfel und nicht wenige sind so in Vergessenheit geraten.

Es gibt sicherlich viele gut bearbeitete Sammlungen von mehr oder weniger brauchbaren Spielen, doch dieses Buch soll vor allem einen tiefgreifenden Einstieg in dieses Thema geben. Deswegen beschäftigt es sich auch intensiv mit der Theorie der Geländespiele. Wer mit der Theorie nichts anfangen will oder kann, darf ohne schlechtes Gewissen das gesamte Kapitel 2 überspringen.

Die Spielbeschreibungen (Kapitel 7 und 8) sind unabhängig und in sich schlüssig erklärt. Um sie zu verwenden, sind weder Vorkenntnisse noch das Lesen der vorhergehenden Kapitel notwendig.

Geländespiele sind keine Relikte aus vergangenen Tagen. Sie stillen eine Abenteuerlust, die in jedem Kind, Jugendlichen oder Junggebliebenen zu finden ist. Allzu häufig befriedigen Kinder und Jugendliche die Lust am Abenteuer ausschließlich mit Videospielen in der virtuellen Realität. Geländespiele bieten das hautnahe, echte Erleben, verbunden mit körperlicher Anstrengung und dem Gruppenerlebnis.

Für Geländespiele spielt es keine Rolle, ob die Gruppe aus Jugendfreizeiten, Pfadfindern, Wander-vögeln, Sportvereinen, Junggebliebenen, Rollenspielern oder der Jugendabteilung des Kaninchen-züchtervereins besteht. Geländespiele sind niemandem verwehrt. Natürlich können aufeinander eingespielte Gruppen etwas raubeiniger miteinander umgehen, doch auch besonders sanfte Grup-pen finden Gefallen daran. Es liegt alleine im Ermessen des Spielleiters, ob und wie ein Spiel ver- oder entschärft wird. Solange ein gesunder Menschenverstand gebraucht wird, sind auch Spiele möglich, die von Außenstehenden nur Kopfschütteln ernten. Das Ziel der Geländespiele ist es, schöne Erlebnisse zu schaffen, an die sich die Spieler auch nach Jahren noch voller Freude erinnern.

Aus der pädagogischen Sicht dienen Geländespiele dem so genannten *Einstudieren gruppenso-zialen Verhaltens*. Das lässt sich auch ausführen als das Einfügen in eine Gruppe (Mannschaft) oder den Umgang mit Sieg und Niederlage, der Integration von Außenseitern, dem Befriedigen der Abenteuerlust und des Bewegungsdrangs sowie der damit verbundenen Gewaltprävention.

Die Spielenden werden im folgenden als Spieler bezeichnet; die Leitenden als Spielleiter. Es kann durchaus mehrere Spielleiter in einem Spiel geben. Ein Spielführer ist ein Spielleiter, der ganz einfach das letzte Wort hat.

1.2 Was sind Geländespiele?

Der aus dem Englischen gerne verwendete Begriff *Outdoor* (= *draußen* oder *außer Haus*) für diese Spiele ist genauso irreführend wie Wald- oder der, ebenfalls aus dem Englischen stammende Begriff, *Run-and-Fun*-Spiele. Diese Begriffe drücken lediglich aus, dass die Spiele weder an eine bestimmte Infrastruktur noch an spezielle Sportgeräte (z.B. Ball) gebunden sind. Selbstverständlich finden sie draußen, möglichst im Wald statt, und die Hilfsmittel sind dabei häufig recht ungewöhnlich. Doch das ist ungenau. Oft werden deshalb andere Spielarten, wie z.B. Kooperationsspiele oder Staffelspiele, mit ihnen verwechselt. Unkundigen wird die Unterscheidung erschwert, weil eben diese anderen Spielarten auch in Geländespielen verbaut sein können (siehe Abschnitt 5.5).

Geländespiele sind von Infrastruktur unabhängige Spiele, bei denen die Spieler jeder Mannschaft gleichzeitig, permanent und spielspezifisch gegeneinander antreten.

1.3 Ein kleiner Ausflug in die Didaktik

Zum Erklären der Spielregeln usw. braucht man die Didaktik, also das Was und Wie jemandem etwas beigebracht wird. Es gibt keine Methode, etwas zu erklären, die immer funktioniert. Jeder hat auch seinen persönlichen *Stil* etwas zu erklären. Manche Erklärende sind leise, manche laut oder haben eine ausufernde Gestik. Hierbei gibt es kein besser oder schlechter, sondern der Erfolg zählt. Es gibt nur ein paar Grundsätze:

Bevor man etwas erklärt, legt man sich natürlich das Wichtigste zurecht und überlegt sich, wie man es möglichst verständlich erklärt. Das ist die didaktische Idee.
Eine Methode ist nun die Handlung mit der man seine didaktische Idee an den Mann bringt. Das betrifft das Auftreten, die eigene Persönlichkeit, die Wortwahl und die Position vor den Zuhörern, schlicht: die Inszenierung (siehe Abschnitt 3.6). Die Methode steht in Wechselwirkung mit dem Inhalt. Das heißt, dass nicht alle Möglichkeiten, z.B. ein Spiel, zu erklären, auch geeignet sind. Manche aber, wie das Anführen kleiner Beispiele, kommen wie von alleine.

2

2.1 Definitionen

Die graue Theorie beginnt mit der Definition von Begriffen. Das ist absolut notwendig, damit jede folgende Beschreibung nicht von irgendwelchen Auffassungen abhängt, sondern klar und eindeutig ist.

Bekämpfen (Stechen) oder Kampf heißt, zwei gegnerische Spieler finden sich auf dem Spielfeld, wobei mindestens einer angreift, also mit dem anderen in Kontakt tritt und einen Besiege-Mechanismus (Vgl. 5.2, S.16) auslöst. Wenn einer *besiegt* wird, scheidet er nach einem spielspezifischen Verfahren aus. Die Kontaktaufnahme ist in der Regel aggressiv (Abschlagen). Von defensiven Kontaktaufnahmen für einen Kampf (Namen rufen) ist in der Regel abzuraten.

Jeder Teilnehmer, also Spieler, ist ein **Charakter**. Das heißt, er spielt in dem Spiel eine bestimmte Rolle. Und sei es nur *Mitglied der Mannschaft X*. Mehrere gleiche Charaktere in einer Mannschaft kann man ebenfalls als Charakter bezeichnen, denn für sie gelten unabhängig von ihrer Anzahl die gleichen Regeln. *Ein Charakter ist also eine Untermannschaft zu mindestens einem Spieler, die spezielle Eigenschaften hat.* Dieses Problem kommt später beim Geländespiel *Stratego* (siehe 6.1, S.21 ff.).

In einer **Mannschaft** befinden sich ausschließlich Spieler, welche Spieler einer anderen Mannschaft *bekämpfen* können. Eine Mannschaft besteht aus vielen, mindestens jedoch aus einem Charakter. Jeder Charakter kann also auch eine eigene Mannschaft sein. Für die Mannschaft ist es zunächst nicht wichtig, ob sie aus vielen gleichen Charakteren besteht oder aus verschiedenen.

2.2 Arten von Geländespielen

In den folgenden Abschnitten ist erklärt, worin sich die Geländespiele unterscheiden, welche Arten es gibt und wie sie funktionieren. Zusammen mit dem Kapitel 6.1 ist es möglich, beliebig viele eigene Geländespiele zu entwickeln. Werden sie nur bezüglich der Mannschaften betrachtet, können genau zwei Grundprinzipien für Geländespiele ausgemacht werden:

Das **Jäger-Beute-Prinzip**: Mannschaft A jagt Mannschaft B, aber Mannschaft B jagt Mannschaft A nicht (Abb. 2.1 a)).

Das **Gleiche Gegner-Prinzip**: Mannschaft A jagt Mannschaft B und Mannschaft B jagt Mannschaft A (Abb. 2.1 b)).

Abbildung 2.1: a) „Jäger-Beute"-Prinzip und b) „Gleiche Gegner"-Prinzip. Die Mannschaften sind durch Kreise und die Beziehung zueinander durch Pfeile dargestellt.

Zu diesen beiden Prinzipien gibt es je ein Grundspiel. Die zwei Spiele sind *Räuber und Gendarm* (Beschreibung siehe Abschnitt 7.1, S. 27) und *Krieg der Farben* (Beschreibung siehe Abschnitt 7.3, S. 29). Von diesen lassen sich alle anderen Grundspiele und damit alle Geländespiele ableiten.

2.2.1 Geländespiele nach dem Jäger-Beute-Prinzip

Das einfachste *Jäger-Beute*-Spiel und bekannteste Geländespiel überhaupt, *Räuber und Gendarm*, besteht aus genau zwei Mannschaften. Bei mehr als zwei Mannschaften steht jede mit mindestens einer gegnerischen Mannschaft in Beziehung. Kommt es zur Verkettung der Mannschaften wie in Abb. 2.2 a) dargestellt, so jagt Mannschaft A nur Mannschaft B, Mannschaft B nur Mannschaft C und Mannschaft C wird ausschließlich gejagt. Ein solches Spiel kann man sich auch aus zwei einfachen *Jäger-Beute*-Spielen zusammengesetzt denken. Ein Beispiel dazu ist *Heulende Wölfe* in Abschnitt 8.1, S.38. Mehr als drei Mannschaften sind für eine Verkettung nicht sinnvoll.

Stehen alle Mannschaften miteinander nach dem *Jäger-Beute*-Prinzip in Beziehung (Abb. 2.2 b)), ergibt sich ein weiteres Grundspiel, nämlich *Coq, Renard, Viper* (Spielbeschreibung in Abschnitt 7.5, S.33).

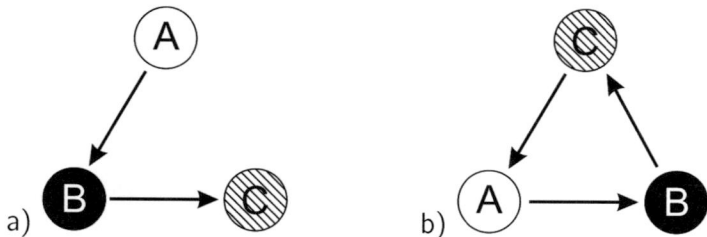

Abbildung 2.2: *Jäger-Beute*-Spiele mit drei Mannschaften a) Die Mannschaften bilden eine Kette und b) die Mannschaften sind alle nach dem Jäger-Beute-Prinzip verbunden . Die Mannschaften sind durch Kreise und die Beziehung zueinander durch Pfeile dargestellt.

Das **Coq, Renard, Viper-Prinzip** bedeutet: Nach dem *Jäger-Beute*-Prinzip jagt jede Mannschaft mindestens eine Mannschaft und wird von mindestens einer anderen gejagt. Bei genau 3 Mannschaften heißt das: Mannschaft A jagt nur Mannschaft B und wird nur von Mannschaft C gejagt, Mannschaft B jagt nur Mannschaft C und wird nur von Mannschaft A gejagt und Mannschaft C jagt nur Mannschaft A und wird nur von Mannschaft B gejagt. Der eigene Bejagte ist also der Feind des eigenen Jägers.

Ab mehr als drei Mannschaften gibt es zwei weitere Möglichkeiten. Die Mannschaften bilden ein ringförmiges System, wenn sie jeweils mit genau zwei gegnerischen Mannschaften in Beziehung stehen (Abb. 2.3 a)) oder ein netzförmiges System, wenn jede mit jeder verbunden ist (Abb. 2.3 b)). Eine Durchmischung dieser beiden Prinzipien ist möglich, aber nicht sinnvoll. Ringförmige Systeme sind in der Anzahl der Mannschaften begrenzt. Netzförmige benötigen ab einer gewissen Mannschaftsanzahl Hilfsmittel wie Spielkarten. Das netzförmige System für beliebige Mannschaften hat einen interessanten Zusammenhang mit einem anderen Geländespiel (s. Abschnitt 10.2, S.45).

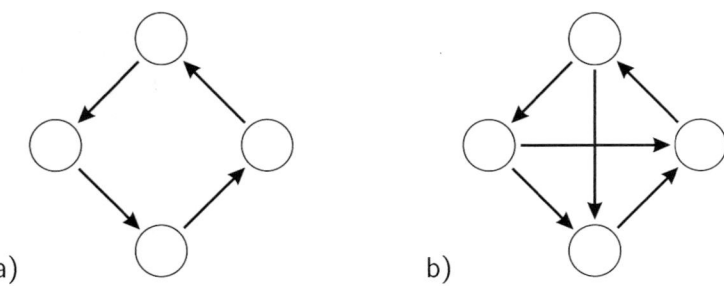

Abbildung 2.3: a) Beispiel mit 4 Mannschaften: a) ringförmiges System (s. 8.2 *Runenspiel*, S.39) und b) vernetztes System.

2.2.2 Geländespiele nach dem Gleiche Gegner-Prinzip

Gleiche Gegner-Spiele sind die verbreitetsten Geländespiele. Das Spielprinzip kann für beliebig viele Mannschaften angewendet werden, wobei jede Mannschaft jede jagt und von jeder gejagt wird (Abb. 2.4). Dabei ist nicht ausgeschlossen, dass sich Mannschaften nicht bekämpfen, weil sie sich im Spielfeld erst garnicht begegnen oder es so beschlossen haben. Ebenfalls möglich ist, dass sich einzelne Mannschaften verbünden. Genau genommen verschmelzen diese in so einem Fall zu einer Mannschaft. Die Beziehungen zwischen den Mannschaften können sich also im Lauf des Spiels sogar ändern.

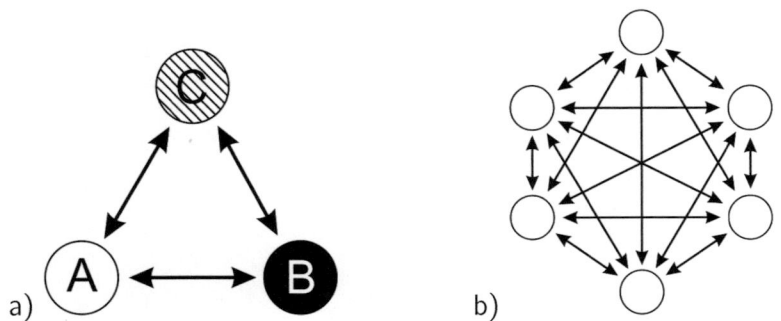

Abbildung 2.4: Modell eines *Gleiche Gegner*-Spiels a) mit 3 Mannschaften und b) mit 6 Mannschaften.

Bei *Gleiche Gegner*-Spielen ist das Spielprinzip bezüglich der Mannschaften immer gleich. Erst wenn die Mannschaften bezüglich verschiedener Untermannschaften betrachtet werden, die zu denen des Gegners in Beziehung stehen, gelingt es, die verschiedenen Arten der Gleiche-Gegner-Spiele zu unterscheiden.

7.3 Krieg der Farben, S.29, ist das erste Grundspiel und hat keine Untermannschaften. Jeder Spieler tritt gegen Gegner nach dem *Gleiche Gegner*-Prinzip an.

Beim Einteilen der Mannschaften in Untermannschaften entstehen neue *Gleiche Gegner*-Spiele, denn jede dieser Untermannschaften tritt zu einer gegnerischen in Beziehung. Dies kann nach dem *Jäger-Beute*-Prinzip oder nach dem *Gleiche Gegner*-Prinzip erfolgen.

Das **Stratego-Prinzip** bedeutet: Die Mannschaften sind übereinstimmend in Untermannschaften eingeteilt. Gegnerische treten dann nach dem *Jäger-Beute*-Prinzip gegeneinander an. Sieg oder Niederlage sich bekämpfender Spieler ergibt sich aus der Zugehörigkeit zu ihrer jeweiligen Untermannschaft (Abb. 2.5). Das zugehörige Grundspiel *7.6 Stratego* findet sich auf S.34.

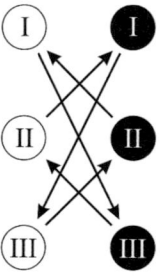

Abbildung 2.5: Das *Stratego*-Prinzip: Die Mannschaften „Schwarz" und „Weiß" sind in die Untermannschaften I, II und III eingeteilt. Die Spieler darin treten nach dem *Jäger-Beute*-Prinzip gegeneinander an.

Das **Völkerspiel-Prinzip** bedeutet: Jede Mannschaft ist gleich in Untermannschaften unterteilt. Gegenerische treten nach dem *Gleiche Gegner*-Prinzip und möglicherweise dem *Jäger-Beute*-Prinzip gegeneinander an. Sieg oder Niederlage sich bekämpfender Spieler ergibt sich aus dem Bekämpfen (siehe S.5) oder der Zugehörigkeit zu ihrer jeweiligen Untermannschaft (Abb. 2.6). Es sind zusätzliche Regelglieder (siehe Abschnitt 6.3, S.25) in Form eines Charakters (Definition S.5) möglich, die dann zu Untermannschaften in Beziehung treten. Das zugehörige Grundspiel *7.7 Völkerspiel* findet sich auf S.35. Jedes Live-Rollenspiel basiert auf diesem Spielprinzip.

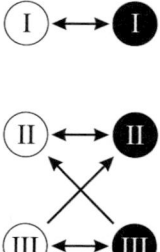

Abbildung 2.6: Beispiel eines *Völkerspiels*. Die Mannschaften „Schwarz" und „Weiß" sind in die Untermannschaften I, II und III eingeteilt. Die Untermannschaften sind entweder teilweise oder sogar völlig unabhängig voneinander.

Eventuelle zusätzliche Aufgaben sowie Spielmechanismen oder „Spiele im Spiel" (siehe Abschnitt *5.5 Subspiele*, S.18) sind keine Unterscheidungsmerkmale.

2.2.3 Die Grundspiele

Aus dem Zusammenwirken von Mannschaften und Untermannschaften (Charakteren) ergeben sich genau 5 Grundspiele[1]:

Jäger-Beute-Prinzip:

-   *Jäger-Beute*-Spiele: **Räuber und Gendarm**

-   erweiterte *Jäger-Beute*-Spiele: **Coq, Renard, Viper**

Gleiche Gegner-Prinzip:

-   *Gleiche Gegner*-Spiele: **Krieg der Farben**

-   *Stratego*-Spiele **Stratego**

-   *Völkerspiel*-Spiele **Völkerspiel**

Abbildung 2.7: Stratego (Spielbeschreibung S.34): Nach einer wilden Verfolgungsjagd zu Fall gebrachter Gegener (Mitte links) muss nun seine Karte zeigen, aus der hervorgeht, wer tatsächlich gewinnt. Die ihm zur Hilfe geeilten Spieler (links und rechts außen) können nun nichts mehr für ihn tun.

---

[1]Im Folgenden wird das Geländespiel nach dem *Stratego*-Prinzip ebenfalls *Stratego* genannt. Dies ist an ein bekanntes Brettspiel angelehnt, das auf dem gleichen Prinzip basiert. Das Brettspiel *Stratego* ist rechtlich geschützt.

3

3.1 Das klare Regelwerk

Nun wird es praktischer. Hat man nun eine kolossale Spielidee oder ein Spiel in einer neuen Variation und will dieses durchführen, dann muss man es den Spielern auch irgendwann erklären. Damit das Spiel funktioniert und den Spielern, die ja meist Laien sind, gut erklärt werden kann, braucht man ein klares und möglichst leicht verständliches Regelwerk.

Dieses muss gut durchdacht und möglichst hieb- und stichfest sein. D.h. man muss es auch mal theoretisch oder mit anderen (außenstehenden) Personen durchgehen um Schwachstellen überhaupt zu erkennen und auszumerzen.

Ein Beispiel dazu wäre: *„Ein Spieler ist besiegt, wenn es dessen Gegner gelingt, sein Leben (siehe S.15) abzureißen"*. Das ist eine absolut klare Regel. Doch was geschieht nun mit dem Besiegten? Darf er weitermachen? Oder wo soll er hin? Oder, oder, oder.

Das Regelwerk muss also auch Folgen beachten und ganze Mechanismen konstruieren, die absolut zuverlässig funktionieren und sich möglichst wenig auf die Ehrlichkeit einzelner Spieler verlassen. Ein Appell daran hilft, ist aber keine Lösung. Ein abgerissenes Leben übrigens eindeutig.

Zum Durchdenken und Erklären ist es vorteilhaft, sich einen Kampf klarzumachen. Zwei Charaktere, die sich besiegen können, finden sich und treten in Kontakt, z.B. durch eine kleine Verfolgung mit Abschlagen. Das löst einen Besiege-Mechanismus aus und der Unterlegene scheidet durch den Wiederteilnehme-Mechanismus geregelt aus dem Spiel (siehe S. 16 ff.). Der Kampf ist damit beendet und der Wiederteilnahme-Mechanismus regelt noch, was mit den Charakteren geschieht, bis oder falls beide wieder normal am Spiel teilnehmen. Eine Lösung zum oben genannten, konkreten Problem wäre, dass der Sieger den Besiegten an einen bestimmten Ort (z.B. zur Spielleitung) bringen muss und beide währenddessen imun sind.

Die Kreativität im Suchen von Lücken oder Ausreizen der Spielregeln kennt keine Grenzen. Deshalb darf man auch nur so wenig Spielraum wie möglich lassen. So kommen die Spieler auch mal auf die Idee, einen Schatz, welcher in einer *Burg* (siehe Abschnitt 7.3 Burgenspiel) versteckt, aber nicht vergraben werden darf, mit Dornen und Brennnesseln zu bedecken und Tannenzapfen auf die Angreifer zu werfen. Es nützt also nichts nur zu erwähnen, dass einzelne Sachen verboten sind, sondern man muss auch erwähnen, dass für bestimmte Vorgänge nur bestimmte Sachen, und nur diese, erlaubt sind. Das ist das *„das und nur das"*-Prinzip.

3.2 Spielauswahl

Am Anfang steht natürlich die Auswahl des Spiels. Das Spiel muss dem Alter, der Anzahl und der Harmonie unter den Teilnehmern angepasst sein. Nicht jedes Spiel ist für jede Gruppe optimal geeignet. Ein krampfhaftes Festhalten an eigenen Wunschvorstellungen ist nicht dienlich. Mit gewissen Vorüberlegungen tut man sich da leichter.

Wilde, vor allem gleichgeschlechtliche, Gruppen bevorzugen tendenziell wilde Spiele wie *Krieg der Farben*, während koedukative Gruppen vor allem *Stratego* gerne annehmen.

Bei jüngeren Teilnehmern sollten zunächst einfache Versionen der Geländespiele gewählt werden. Wird das Spiel dann gut angenommen, kann es in einer komplizierteren Version gespielt werden (Beispiel: *7.3 Krieg der Farben* und *7.4 Ufo*, Seite 29 ff.). Das bedeutet, dass man, wenn man es geschickt einfädelt, mit jeder Gruppe eigentlich jedes Spiel spielen kann.

Manchmal scheitert ein Geländespiel daran, dass für dieses spezielle Spiel, z.B. wegen mangelnder Weitläufigkeit oder fehlenden Deckungen oder wütenden Landbesitzern, kein geeignetes Spielfeld gefunden werden kann. In den meisten Fällen bieten Variationen des Spiels oder andere Konzepte genügend Schlupflöcher. Insbesondere *Stratego* (Spielbeschreibung S.34) läßt sich fast überall spielen.

3.3 Das Spielfeld

Das ist natürlich einer der wichtigsten Punkte überhaupt. Manche Spielfelder sind absolut ungeeignet, weil sie über zu wenig Vegetation oder Deckungen verfügen, zu steil oder zu gefährlich sind. Das betrifft vor allem Sumpfgebiete, Felsstürze, Holzeinschlaggebiete, Gebiete mit zu vielen Stolperfallen oder Sperren (Stacheldraht, Wrackteile und Reste von land- oder forstwirtschaftlichen Gerätschaften).

Ist ein halbwegs geeignetes Spielfeld gefunden, muss es trotzdem abgeschritten und auf mögliche Gefahrenquellen, wie z.B. Stacheldraht oder Felsspalten, geprüft werden. Dann kann das Spielfeld markiert und gegebenenfalls präpariert werden.

Die Spielfeldgröße muss ebenfalls dem Spiel, dem Alter und der Teilnehmerzahl angepasst sein. Die Teilnehmer dürfen sich weder auf den Füßen stehen noch totlaufen. Ein Spielfeld mit vielen Deckungen kann kleiner gewählt werden als ein offenes. Manchmal genügt es auch ein eigentlich zu großes Spielfeld zu bestimmen. Die Spieler bestimmen anhand ihres Abstands zur Mittellinie oder eines Sammelpunktes ihren Aktionsradius selbst. Das wäre eine teilweise selbstregelnde Spielfeldgröße.

3.4 Erste Vorbereitungen

Wenn man diese Spiele durchführt, sollte man beachten, dass immer ein Erste-Hilfe Satz mitgeführt wird. Dieser muss während des Spiels an einem möglichst allen bekannten Ort aufbewahrt werden oder sonstwie gut zugänglich sein. Dieser Punkt sollte nicht unterschätzt werden, denn sollte tatsächlich etwas passieren, ist man froh ihn zu haben; ist er nicht da kann das als fahrlässig gelten.

Besonders bei heißem Wetter empfiehlt es sich, eine Trinkwasserversorgung sicherzustellen. Recht geschickt ist es, wenn die Spieler es selbst in unzerbrechlichen Trinkflaschen mit sich führen. Dazu kann man bereits vor dem Spiel einen dezenten Hinweis platzieren.

Manche Spiele verlangen einen erhöhten Materialeinsatz, also Hilfsmittel, welche unbedingt zu Beginn des Spiels vollständig vor Ort sein müssen.

3.5 Verletzungsrisiken

Manche Spiele oder Lokalitäten bergen ein erhöhtes Verletzungsrisiko. Dieses lässt sich minimieren, wenn die Teilnehmer eindringlich darauf aufmerksam gemacht werden. Passieren kann grundsätzlich alles. Bereits leichtere Verletzungen an Füßen oder Beinen (Umknicken) sind besonders tragisch, denn sie führen für den Teilnehmer zu einem vorzeitigen Ende des Spiels oder im schlimmeren Fall zu einer vorzeitigen Heimfahrt.

3.6 Erklärung und Durchführung

Die Gruppe kann nun ans Spielfeld geführt werden. Dort wählt der Spielführer eine gute Erklärposition. Das heißt, er steht mit im Kreis oder spricht zu der/den Gruppe(n) im Halbkreis. Falls noch nicht geschehen, kann nun zügig die Gruppeneinteilung vorgenommen werden. Dann sollte man die Teilnehmer auf mögliche Gefahren und Verletzungsrisiken aufmerksam machen. Vor der eigentlichen Erklärung sollte klargestellt werden, dass das Spiel erst mit einem eindeutigen Startsignal, z.B. einem Pfiff, beginnt und endet. Die Erklärung selbst muss klar, eindeutig und altersgemäß sein. Am besten mit kleinen, auch praktischen Beispielen. Erst nach der Erklärung sollte man Fragen zulassen und der Gruppe antworten.

Dann kann das Spiel starten. Während des Spiels ist der Spielführer der Schiedsrichter. Bei Problemen entscheidet er. Diskussionen sind zu vermeiden. Zum Beobachten kann er sich zeitweise im Spielfeld aufhalten. Bei Bedarf hat er das Spiel vorzeitig abzubrechen. Bei übertriebener Härte der Teilnehmer muss sofort eingeschritten werden.

Auf Störeinflüsse von außen sollte man absolut überlegt reagieren, um das Spiel im Ablauf nicht zu gefährden.

Nach dem „Abpfiff" sollten mögliche Ergebnisse festgestellt sein, am besten wird eine Art Siegerehrung (Reflexion) noch vor Ort durchgeführt.

3.7 Am Ende des Spiels

Ganz wichtig ist hier noch das „Wiederzusammenschmieden" der Teilnehmer zu einer Gruppe. Das gelingt mit einem Abschluss wie eine Kulthandlung (z.B. Krönungszeremonie), einem kleinen

Dank, z.B. für die Teilnahme oder den reibungslosen Einsatz, oder das lobende Erwähnen einzelner Spieler beider Mannschaften sowie lustiger Vorfälle.

Wenn mehrere Spiele nacheinander gespielt werden oder gespielt werden sollen, lohnt sich auch die Bewertung von besonders eifrigen oder lustigen Teilnehmern, Vorfällen oder erfüllten Aufgaben, wie z.B. einem gebauten Unterschlupf. Wenn eine solche Bewertung Einfluss auf ein mögliches Endergebnis nimmt, spornt das die Teilnehmer an, sich wenigstens das nächste Mal richtig ins Zeug zu legen.

3.8 Reflexion

Die Teilnehmer beginnen bereits mit dem Ende des Spiels Anekdoten zu erzählen und berichten von Heldentaten, Taktiken, Ideen für das nächste Mal und wer am meisten beschissen hat. Das ist die Reflexion für die Teilnehmer, die man auch gerne als Legendenbildung bezeichnen darf. Sie schafft die Erinnerungen, die bleiben. Und das ist mit das Wichtigste am Spiel, nämlich schöne Erinnerungen zu schaffen.

Nach dem Spiel sollte unbedingt eine Reflexion für die Spieleiter erfolgen, d.h. aus verschiedenen konstruktiven Kritiken sollten neue Erkenntnisse für den Ablauf von Spielen gewonnen werden. Nur Erleben und Reflexion ergibt Erfahrung. Und Erfahrung ist durch nichts zu ersetzen.

3.9 Auf einen Blick

Zum Durchführen von Geländespielen ist folgende Abfolge hilfreich:

- **Spiel wählen**

- **Spielfeld wählen und präparieren**

- **Material und Erste-Hilfe-Satz richten**

- **Spiel erklären**

- **Spiel eindeutig beginnen**

- **Während des Spiels regelnd eingreifen (bei Bedarf)**

- **Spiel eindeutig beenden**

- **Sieger ehren/feststellen**

- **Reflektieren**

4

4.1 Verhalten gegenüber Spielern und Gewaltprävention

Die Spieler haben ein sehr starkes Gespür für Ungerechtigkeiten. Sie denken meist stark vereinfacht in gut und böse, bzw. fair und unfair. Als Schiedsrichter sollte man also unfaire Entscheidungen oder allzu parteiische Entscheidungen tunlichst vermeiden. Ein Spiel lässt sich auch etwas subtiler steuern (siehe 6.3 Regelglieder, S.25).

Bei besonders gewaltbereiten Spielern können schon scheinbare Nichtigkeiten und auch als unfair empfundene Entscheidungen Aggressionen fördern oder sogar einen Gewaltausbruch auslösen. Das kann zu deutlichen Handgreiflichkeiten führen. Als Spielleiter braucht man sich in einem solchen Fall keine Vorwürfe zu machen, denn Zusammenhänge bezüglich des Spiels dienen diesen Spielern nur als Vorwand zur Aggression. Der Grund ist viel tiefer zu suchen. Meistens haben diese Spieler schwerwiegende psychische Probleme und ein Gewaltausbruch ist als eine Art *Hilferuf* zu deuten. Die einzige spontane Gegenmaßnahme ist beschwichtigendes, deeskalierendes Einwirken oder das sofortige Herausnehmen des oder der Spieler aus dem Spiel. Dies sollte möglichst ohne großes Aufsehen geschehen. Um diese(n) herausgenommenen Teilnehmer sollte sich gleich anschließend jemand kümmern; dabei ist es zu vermeiden, Vorwürfe zu machen. Vielleicht kann später geholfen werden.

Um in der/den Gruppe(n) eine mögliche Gewaltbereitschaft zu dämpfen, kann den Spielern noch vor Spielbeginn erklärt werden, dass es nicht das Ziel des Spieles ist den Gegner möglichst effektiv zu demolieren oder verletzen. Auch spaßhaft formuliertes Verbieten von Kratzen, Beißen, Finger in die Nase stecken, Boxen, Treten, mit Sand schmeißen usw. dämpft die Gewaltbereitschaft hervorragend und wird von den Spielern besonders gut verstanden. Traut man den Spielern immer noch nicht über den Weg, kann man genau eine bestimmte Art und Weise des Besiegens und nur diese erlauben. Außerdem kann mit einem lustigen Wiederteilnahme-Mechanismus (siehe 5.3 Wiederteilnahme-Mechanismen, S.17) für den Spaß geworben werden, der hier die Gewalt verdrängt. Sind die Spieler mit so etwas vertraut, vereinfacht das die Sache ungemein.

4.2 Der Zeitfaktor

Die Zeit ist niemals zu unterschätzen. Meistens wird sie sehr knapp. Man muss Zeit für das Aufstellen der Gruppe, das Erreichen des Spielfelds, die Gruppeneinteilung, das Erklären der Spielregeln, das Spiel selbst und für die Beendigung des Spiels sowie den Rückmarsch vom Spielfeld einkalkulieren. Während Jugendfreizeiten spielen auch die nächste Mahlzeit oder die Nachtruhe eine Rolle. Notfalls muss das Spiel vorzeitig abgebrochen werden.

4.3 Signalgeber

Zum eindeutigen Starten oder Beenden vor allem kleiner Geländespiele oder als Rückkehrsignal ist ein Signalgeber hilfreich. Bei einer entsprechenden Spielfeldgröße stoßen Trillerpfeifen und ähnliches, sogar Böller, sehr schnell an ihre Grenzen. D.h. bereits ab relativ geringen Entfernungen sind sie nicht mehr wahrnehmbar. Besonders erfolgreich sind hingegen Tröten oder Hörner, die unter Umständen eine Reichweite von mehreren Kilometern haben.

Andere Signalgeber, wie Sirenen oder Megaphone sind zuviel des Guten und zerstören die Spielstimmung. Von diesen Signalgebern ist abzuraten. Vor allem Megaphone werden in den Händen von Betreuern der Jugendpflege gerne zu Unfug missbraucht.

4.4 Leben

So genannte *Leben* sind Hilfsmittel, die in manchen Geländespielen gebraucht werden. Ein Spieler wird z.B. besiegt, wenn es einem Gegner gelingt, ihm dieses abzunehmen (siehe Abschnitt 5.2 Besiege-Mechanismus, S.16). Besonders beliebte Leben sind etwa 40 cm lange oder längere Streifen aus Stoff in Mannschaftsfarbe oder, schnell und billig, aus Absperrband (Baustellen-, Trassierband), das z.B. in den Farben rot/weiß und schwarz/gelb erhältlich ist. Tragen die Spieler von Natur aus *Halstücher*, z.B. Pfadfinder, so bieten diese sich geradezu an. Die Leben werden mit einem Ende lose hinten in die Hose gestopft, sodass noch ein etwa 20 bis 25cm langes Stück herausschaut. Ein Gegner hat damit eine faire Chance das Leben zu greifen und zu erbeuten, ohne dass etwas kaputt geht. Solche Leben können einfach, schnell und immer wieder verwendet werden. Im Zweikampf müssen Gegner jeweils versuchen, an den Rücken der Spieler zu kommen. Etwas herausfordernder ist ein *Klebestreifen* (Kreppband/Klebeband) auf dem Rücken. Da dieser schwieriger zu greifen ist, haben Zweikämpfe einen heftigeren Verlauf. Der Klebestreifen wird dabei in der Regel unbrauchbar.

Durchreißbare *Armreifen* oder Hüftschnüre aus Kreppband oder Wolle sind unabhängig von Kleidung und dementsprechend auch für den Strand geeignet. Wolle ist billig und eignet sich auch für Trophäen, die der Sieger behalten kann. Ist die Trophäe etwas wert, so darf die Wolle nicht dehnbar sein, sonst „vervielfältigen" sich die Trophäen auf geheimnisvolle Weise.

Armfähnchen bestehen aus einem Streifen Kreppband, der mittig um ein Stück Paketschnur geknickt wird. Der Kreppstreifen trägt eine Markierung in Mannschaftsfarbe. Jeder Spieler legt sein Armfähnchen am Oberarm so an, dass das Kreppband offen an der Armaußenseite hängt. Das Tragen des Kreppbandes an der Arminnenseite oder unter dem Hemdärmel ist verboten. Der Sieger kann das Band als Trophäe behalten. Es müssen viele dieser Armfähnchen vorhanden sein. Sollte das Spiel wiederholt durchgeführt werden, können neue Farben genommen werden.

Stabile Armbänder aus Stoff können der Mannschaftszuordnung dienen und bieten sich an, wenn sie nicht im Besiege-Mechanismus abgerissen, sondern dem Sieger nach dem Kampf ausgehändigt werden. Eroberte Armbänder werden von den Spielern gerne als eine Art Auszeichnung angelegt.

5

5.1 Bausteine für Geländespiele

Jedes der Geländespiele besteht aus verschiedenen Bausteinen. Hat man sich für eine Art des Spiels (s. Abschnitt 2.2, S.5) entschieden, kann man diese Bausteine zusammenfügen, anpassen und in einen gemeinsamen Rahmen gießen. Ein Beispiel für solch einen Baustein wäre der einfachste Besiege-Mechanismus: Ein Spieler scheidet aus, wenn er handlungsunfähig gemacht wurde oder bewusstlos ist. Das ist natürlich nur ein Scherz und sollte tunlichst vermieden werden.

Mit den folgend beschriebenen Bausteine lassen sich dann ganz einfach Spiele konstruieren. Wie das geht, ist in Kapitel 6.1, S.20 beschrieben.

5.2 Besiege-Mechanismen

Ein Besiege-Mechanismus entscheidet bei einem Kampf eindeutig über Sieg oder Niederlage. Er wird von der Kontaktaufnahme ausgelöst. Die Kontaktaufnahme ist Beginn eines Kampfes (siehe Definition S.5). Am gebräuchlichsten ist das Verfolgen und Abschlagen. Der Körperkontakt (Abschlagen) kann bereits ein Besiege-Mechanismus sein. Bekämpfen sich Charaktere regelbedingt nicht, wird der Mechanismus erst gar nicht ausgelöst oder er ist unwirksam. Wenn sich Charaktere bekämpfen, gibt es dazu zwei Möglichkeiten:

Aggressive Besiege-Mechanismen beinhalten immer einen gewissen Körperkontakt, wobei unbedingt das Spielerische gewahrt werden muss. Das beginnt mit Abschlagen und Abreißen oder das Herausziehen eines Lebensbandes, -fadens oder -schwanzes. Im Normalfall bleibt es dabei.
Für besonders eingespielte Gruppen (z.B. Pfadfinder) ist bei genügender Vorbereitung auch der Kampf mit Holzschwert und Schild machbar, wobei Treffer an Kopf und unter der Gürtellinie vermieden werden müssen.
Das Überwältigen und Fesseln eines Gegners ist die wohl extremste Variante eines aggressiven Besiegemechanismus. Das stellt besondere Ansprüche an die Spieler und birgt ein unverhältnismäßig hohes Verletzungsrisiko.

Defensive Besiege-Mechanismen sind z.B. Zufallsspiele wie *Münze werfen* (sie unten) oder ein Kartenvergleich (Stratego).

Die Kontaktaufnahme gehört auch zu diesem Mechanismus. Sie kann ebenfalls aggressiv (Abschlagen) oder defensiv sein (Namen rufen, Anleuchten). Sie bestimmt nicht darüber, ob der Besiege-Mechnismus aggressiv oder defensiv ist.

Defensive Besiege-Mechanismen in Form von Subspielen (siehe Abschnitt 5.5, S.18):

Beim *Asse raten* werden mehrere Karten verdeckt hingelegt. Der Spielende nimmt eine Karte. Ist diese ein Ass, hat er das Spiel gewonnen. Das Spiel ist fair, wenn die Anzahl der Asse und der Nichtasse gleich ist. Gut sind 4 Karten, darunter zwei Asse.

Beim *Münze werfen* einigen sich die zwei Parteien auf je eine Münzseite, Kopf oder Zahl. Anschließend wird die Münze so geworfen, dass sie die Hand des Werfenden deutlich verlässt. Nach dem Aufkommen auf dem Boden oder dem Fangen und Umschlagen auf den Handrücken zählt die Oberseite der Münze. Sie zeigt, wer gewonnen hat.

Beim *Streichholzziehen* wird aus einer Menge Streichhölzer, in der mindestens eins kürzer ist und deren Länge nicht sichtbar ist, jeweils eines gezogen. Das geht, wenn man sie zwischen Ring- und Mittelfinger steckt. Wer ein Kurzes zieht hat verloren. Dazu gibt es zwei Möglichkeiten: Die Anzahl der kurzen und der langen Streichhölzer ist gleich und der Spieler hat einen Versuch oder es gibt viele Streichhölzer, darunter ein Kurzes, und zwei Spieler ziehen abwechselnd.

Beim *Schnick, Schnack, Schnuck*, auch bekannt als *Schere, Stein, Papier* schütteln zwei Spieler je eine Hand zueinander. Mit dem dritten Schütteln nimmt die Hand eine spezielle Form an. Schere bedeutet, Zeige- und Mittelfinger werden gespreizt, während die anderen Finger anliegen, der Stein entspricht der Faust, Papier ist die gestreckte, flache Hand und Brunnen heißt, die Kuppen von Daumen und Zeigefinger berühren sich und formen einen Kringel. Schere schlägt Papier, Papier schlägt Brunnen und Stein, Brunnen schlägt Schere sowie Stein und Stein schlägt Schere. Bei gleichen Formen gilt unentschieden (Prinzip entspricht Abb. 2.3 b)!).

5.3 Wiederteilnahme-Mechanismen

Mit einem Wiederteilnahme-Mechanismus ist klar geregelt, wie mit dem Besiegten verfahren wird. Im schlechtesten Fall ist dies das Ausscheiden, wobei der Besiegte an einem Sammelplatz bis zum Spielende verbleibt. Darunter leidet allerdings das Spiel, da es den Besiegten dort oft langweilig wird und dem Spiel aktive Spieler entzogen werden. Besser ist es, wenn der/die Besiegte(n) mit einer Art Wiederbelebung oder Befreiung wieder ins Spiel eingegliedert werden.

Dazu kann sich der oder die Besiegte(n) selbstständig um eine Wiederteilnahme bei einem Betreuer, der sich auf dem Spielfeld bewegt, oder einem Fixpunkt kümmern. Das birgt aber die Gefahr, dass sich unmotivierte Spieler leicht absetzen können oder sich Spieler oft regelwidrig verhalten.

Besser ist ein Mechanismus, bei dem die Besiegten in das *„Gefängnis"* des Gegners gebracht werden. Dort wird eine nicht zu lange Strafzeit abgesessen, der Besiegte muss ein Pfand hinterlassen und kann sich somit *„freikaufen"* oder ein spezieller, von außen eindringender Spieler kann die Insassen befreien. Dabei muss tunlichst alles vermieden werden, was auch nur ansatzweise demütigend wirkt.

Am zuverlässigsten funktioniert ein Mechanismus, bei dem die Besiegten von ihren Besiegern an einen Sammelpunkt gebracht werden. Dort befindet sich mindestens ein Spielleiter, der sich dann um sie kümmert. Er kann z.B. auch Punkte für den Besieger registrieren. Die Besiegten können nach einer kurzen Strafzeit oder einer nicht unlustigen Wiederbelebung wieder am Spiel teilnehmen.

Zur Wiederbelebungen müssen die Besiegten z.B. ein Lied singen, mit einem Baum tanzen, einem Baum einen Heiratsantrag machen, Froschhüpfer um einen Busch machen, eine Laubdusche nehmen oder Grimassen schneiden. Sie erhalten dann ein neues Leben.

5.4 Animationen

Animationen, also *Antreibe-Bausteine*, greifen aktiv ins Spielgeschehen ein. Zusammen mit Dekorationen (siehe Abschnitt 5.6) gestalten sie die Variation des Geländespiels. Sie haben das Ziel, das Spiel interessanter zu machen.

Dies geschieht mit *aufgabenorientierten Subspielen* (siehe Abschnitt 5.5) wie *Burg bauen* oder *Gegenstände sammeln*. Es können mehrere Subspiele gleichzeitig auftreten. Sie schließen sich nur in seltenen Fällen gegenseitig aus. Die Kombination aus Gegenstände aufspüren und gleichzeitig andere, auffällige oder übergroße zu transportieren ist empfehlenswert.

Sonderregeln/Regelerweiterungen können während des Spiels, meist durch ein Subspiel, erlangt werden. Sie sind oft eine zeitlich oder auf wenige Spieler und damit lokal begrenzte Variante des Spiels in sich selbst. Sie ermöglichen es z.B. Spielern geringe Vorteile zu erlangen, wie begrenzte Immunität bei einem Angriff oder Lösen einer Behinderung.

Weitere Animationen sind Aufmischer, die z.B. die Teilnehmer mit Wasserpistolen auseinander treiben oder abzuwehrende Ungeheuer. Der Übergang zu Regelgliedern (siehe Abschnitt 6.3) ist dabei fließend.

5.5 Subspiele

Die Subspiele, also Spiele im Spiel, finden sich in fast allen Bausteinen. Es gibt zufallsorientierte Spiele (siehe Besiege-Mechanismen, S.16), aufgabenorientierte Spiele und koordinations-/geschicklichkeitsorientierte Spiele. Losgelöst von den Geländespielen betrachtet, sind sie meist eigenständige Spiele, die ebenfalls oft für den Außenbereich geeignet sind.

Aufgabenorientierte Spiele sind: Gegenstände sammeln oder transportieren, einen Schatz suchen, hüten oder erobern, eine Burg bauen, Spuren suchen oder einer Spur folgen, eine Person (Spielleiter) aufspüren und Rätsel lösen. Das sind zum Teil Spiele, die als Schnitzeljagd, Blinker, Bierdeckelspiel oder Schatzsuche bekannt sind.

Koordinations-/geschicklichkeitsorientierte Spiele sind: Balancieren, sich durch irgendwas behindert Bewegen oder ungewöhnlich eine Aufgabe Bewältigen. Das sind zum Teil Spiele, die als Wurstschnappen, Eierlauf, Chinesenlauf, Eimerdrehen oder Dosenwerfen bekannt sind.

Kooperative Spiele können nur in Zusammenarbeit mehrer, möglichst vieler Spieler einer Mannschaft bewältigt werden. Das wäre z.B. der Transport übergroßer Gegegenstände, die es gleichzeitig zu beschützen bzw. die gegnerischen zu erobern gilt.

5.6 Dekorationen

Um das Spiel optisch etwas ansprechender zu gestalten, kann man sowohl das Spielfeld wie auch die Spielleiter und die Spieler dekorieren. Das betrifft oft zunächst Verkleidungen für die Spielleiter. Haben diese bestimmte Rollen übernommen, können sie sich dementsprechend als Hexen, Drachen, Zauberer, Waldgeister o.ä. verkleiden. Eine Dekoration des Spielfeldes ist unglaublich aufwendig und lohnt sich eigentlich nur für besondere Spiele oder Spiele, bei denen die Dekorationen Teil des Spiels sind. Das wären z.B. einzusammelnde *Wrackteile* (siehe 7.4 Ufo-Spiel, S.31), ein Zaubertrank, Hinweise zum Schatzfinden, ein großes Plastik-Ei als Ei des Kolumbus, gestaltete Stationsschilder oder Spielfeldmarkierungen. Die Spieler sind bereits mit primitiv anmutenden Methoden dekoriert. Das beginnt schon mit speziellen Lebensbändchen. Allein eine *Kriegsbemalung* im Gesicht mit Hilfe von Wasserfarben kann dafür sorgen, dass die Spieler regelrecht in das Spiel eintauchen. Bei genügender Vorbereitung können sich die Spieler selbst entsprechend dem Spiel verkleiden.

Unechte Spieler, also Spieler, die nicht *kämpfen* (Definition S.5) können ebenfalls Dekoration sein. Sie können sich entsprechend verkleidet im Spielfeld befinden, sind aber sonst nicht in das Spiel eingebunden. Der Einsatz dieser als Fotografen oder Beobachter ist sinnvoll.

Eine weitere, sehr beliebte Dekoration ist ein Schatz. Und dabei nicht nur ein Schatz als Symbol, das in einem Subspiel (siehe Abschnitt 5.5) zu hüten, zu erobern oder zu finden ist, sondern als materieller Gegenstand. Am besten also ein Behälter, der für jeden Spieler oder jeden Spieler der Gewinnermannschaft eine Belohnung, am besten eine Süßigkeit, enthält. Besonders geeignet sind Süßigkeiten in Form von Goldmünzen. Diese Süßigkeiten kann, wer mag, pädagogisch wertvoll durch Früchte ersetzen. Möglich ist es auch eine Frucht selbst als Schatz zu wählen. Je nach Größe der Gruppe kann man eine oder mehrere Melonen in einen Baum hängen. Nun kann man noch ein kooperatives Element einfließen lassen. Die Teilnehmer müssen die Melone(n) aus dem Baum holen und ohne künstliche Hilfsmittel (Messer) aufteilen.

Abbildung 5.1: Als Schotten verkleidete und damit dekorierte Spieler eines Großgeländespiels (siehe Abschnitt 12, S.47). Der Spieler in der Mitte trägt um den Oberarm sein Lebensband. Die Schwerter und Schilde sind als Dekoration ein Teil des Besiegemechanismus (siehe Abschnitt 5.2, S.16).

6

6.1 Konstruktion von Geländespielen

Konstruktion eines Jäger-Beute-Spiels:

Die Charaktere (Definition S.5) in jeder Mannschaft sind gleich. Im einfachen Fall werden die Teilnehmer in zwei Mannschaften aufgeteilt: Eindeutige Jäger und eindeutige Gejagte. Die Gejagten sind zahlenmäßig überlegen. Der Besiege-Mechanismus ist bevorzugt aggressiv.

Die Besiegten können dann an spezielle Orte gebracht werden, wo der Wiederteilnahme-Mechanismus greift.

Ein defensiver Besiege-Mechanismus bietet sich an, wenn die Gejagten während des Spiels mit einem Subspiel (Abschnitt 5.5, S.18) beschäftigt sind. Werden sie besiegt, verlieren sie etwas, dass sie zum Weiterspielen (des Subspiels) dringend benötigen (z.B. Tauschmittel). Der Wiederteilnahme-Mechanismus besteht dann darin, wieder in Besitz davon zu gelangen.

Diese aufwendigeren Spiele können beliebig mit passenden Animationen (Abschnitt 5.4, S.18), Dekorationen (Abschnitt 5.6, S.19) und weiteren Subspielen (Abschnitt 5.5, S.18) versehen werden.

Konstruktion eines Coq, Renard, Viper-Spiels:

Die Teilnehmer werden in mindestens drei Mannschaften eingeteilt. Die Charaktere jeder Mannschaft sind gleich. Ungleiche Charaktere führen hier nur zu Verwirrungen und Stockungen. Wer wen jagt, ergibt sich am einfachsten aus dem Graph für ringförmige Systeme (Abb. 2.2 b), S.6 und Abb. 2.3, S.7). Ab drei Mannschaften werden dazu Hilfmittel wie Karten benötigt. Der Besiege-Mechanismus wird dem Wesen des Spiels angeglichen, z.B. aggressiv für *„Coq, Renard, Viper"* oder defensiv für das *Runenspiel*, Abschnitt 8.2, S.39. Der Wiederteilnahme-Mechanismus folgt dem Besiege-Mechanismus.

Konstruktion eines Gleiche Gegner-Spiels:

Die Charaktere (Definition S.5) sind gleich. Die Teilnehmer werden in mindestens zwei gleichstarke Mannschaften aufgeteilt. Der Besiege-Mechanismus ist bevorzugt aggressiv. Besiegte können an spezielle Orte gebracht werden, wo der Wiederteilnahme-Mechanismus greift. Animationen können beliebig eingesetzt werden.

Konstruktion eines Stratego-Spiels:

Die Teilnehmer werden in mindestens zwei gleichstarke Mannschaften eingeteilt. Jede Mannschaft wird gleich in unterschiedliche Charaktere eingeteilt; eine Unterteilung ist erst ab einschließlich drei Charakteren sinnvoll. Jeder Teilnehmer erhält eine Karte in Mannschaftsfarbe, auf der sein Charakter kenntlich gemacht ist. Alle Charaktere, die er besiegen kann, stehen auf seiner Karte. Außerdem können alle, die ihn besiegen können, darauf stehen (defensiver Besiege-Mechanismus). Gleiche Charaktere bekämpfen sich nicht. Besiegte werden an einen Sammelplatz gebracht, wo der Wiederteilnahme-Mechanismus greift.

Die Herstellung der Karten und damit der Beziehungen der Charaktere zueinander ist etwas komplizierter. Diese Arbeit muss pro Kartenvorlage nur einmal gemacht werden. Mit einer Verteilung wie in Abb. 6.1 ist gewährleistet, dass es nicht zu Überschneidungen kommt und kein Charakter nur jagt oder nur gejagt wird.

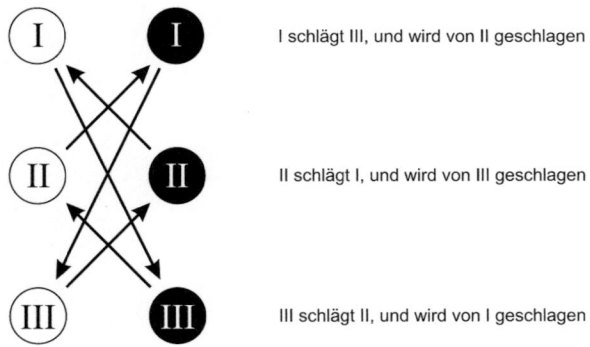

I schlägt III, und wird von II geschlagen

II schlägt I, und wird von III geschlagen

III schlägt II, und wird von I geschlagen

Abbildung 6.1: Einfachster Fall für Stratego: Zwei Mannschaften (schwarz und weiß) mit je drei Charakteren (I, II und III). Der Pfeil gibt an, wer wen schlägt. Gleiche Charaktere schlagen sich nicht.

Mit drei Mannschaften sieht die Verteilung so aus (Abb. 6.2):

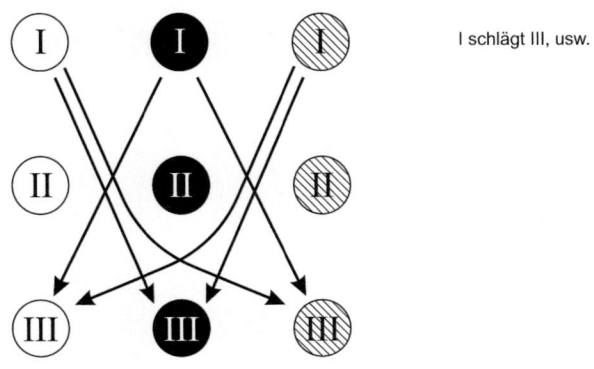

I schlägt III, usw.

Abbildung 6.2: Stratego mit drei Mannschaften. Die Regeln sind unabhängig von der Anzahl der Mannschaften.

Unabhängig von der Anzahl der Mannschaften, bleiben die Regeln gleich (Hier: I schlägt III und wird von II geschlagen). Offensichtlich genügt es, nur die Charaktere in Beziehung zu setzten:

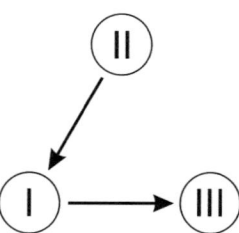

Abbildung 6.3: Einzelne Regeln für Stratego lassen sich problemlos aus einer solchen Grafik ablesen. Hier: I schlägt III und wird von II geschlagen.

Verbindet man wirklich alle Charaktere miteinander, lassen sich reihum auch alle Regeln, also wer wen schlägt und von wem geschlagen wird, ablesen (Abb. 6.4):

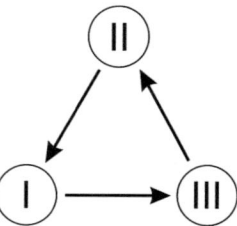

Abbildung 6.4: Aus einer solchen Grafik lassen sich alle Regeln für Stratego ablesen. Die Abbildung stimmt mit Abb. 2.2 b) überein. Warum das so ist, wird im Abschnitt 10.2, S.45 erklärt.

Am geschicktesten ordnet man die hier durch Symbole (Buchstaben) dargestellten Charaktere kreisförmig an und verbindet jeden mit jedem mit einer Linie. An jedem der n Charaktere müssen dann um 1 weniger, also (n - 1) Linien anliegen. Pfeilspitzen an den Linien zeigen, wer wen jagt oder wer von wem gejagt wird. Auf keinen Charakter dürfen nur Pfeilursprünge zeigen, sonst gäbe es einen unbesiegbaren Charakter. Der umgekehrte Fall, dass also nur Pfeilspitzen auf einen Charakter zeigen, kann durchaus gewollt sein. Eine solche Graphik bleibt sogar für 8 oder mehr Charaktere noch übersichtlich. Tipp für die Praxis: Jede Linie bekommt eine Pfeilspitze und am anderen Ende einen Kringel. Damit ist sofort klar, welche Linie bereits ausgerichtet ist.

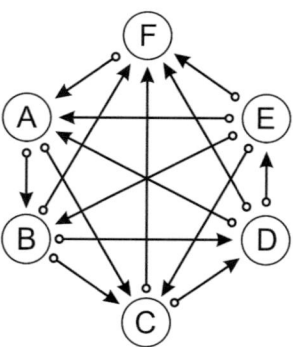

Abbildung 6.5: Beziehungsmodell für Stratego mit 6 verschiedenen Charakteren in jeder Mannschaft. Jeder Charakter ist mit einem Buchstaben in einem Kreis symbolisiert. Bei n = 6 Charakteren liegen an jedem Charakter (n - 1) = 5 Pfeile an.

Um nun die Karten zu erstellen, auf denen jeder einzelne Charakter die Relation zu den anderen ersieht, liest man die Graphik einfach ab. Hier: Der betrachtete Charakter steht etwa mittig auf der Karte und wird kenntlich gemacht. Alle, die ihn besiegen, stehen über ihm und alle, die er besiegt, stehen unter ihm.

Abbildung 6.6: Beispiel für die Karte von Charakter A, aus Abb. 6.5 abgelesen.

Am vorherigen Beispiel zu 6 Charakteren wird A von D, E und F besiegt, besiegt aber B und C. Hier ist zufällig E der stärkste, F der schwächste Charakter. Für das folgende Beispiel sind die abstrakten Buchstaben durch Charakternamen, wie z.B. Feldwebel, ersetzt. Die Sache kann man weiter vereinfachen, wenn man nur den Charakternamen und wen er schlägt abliest und draufschreibt, z.B. Feldwebel schlägt Gefreiter und Minenleger. Die Spielkarten können etwas ansprechender gestaltet werden, wenn man zu jedem Charakter ein lustiges Bild malt.

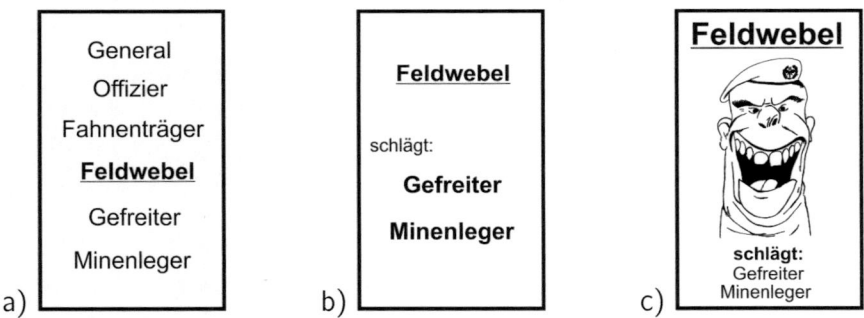

Abbildung 6.7: Die Gestaltung von Stratego-Spielkarten. a) Die Buchstaben aus Abb. 6.6 sind durch Charakternamen ersetzt. b) Vereinfachte Karte mit bereits allen notwendigen Informationen (schlagbare Charaktere). c) Mit einem Bild ansprechender gestaltet.

Hinweis: Stratego ist das flexibelste und mobilste Geländespiel. Man kann es fast überall spielen. Wenn man über einen vorgefertigten Kartensatz verfügt, kann man diesen auch überallhin mitnehmen; das kleine Kartenbündel passt in jeden Rucksack. Ein leichtes Gelände mit wenigen Deckungen ist völlig ausreichend.

Konstruktion eines Völkerspiel-Spiels:

Die Teilnehmer werden in mindestens zwei Mannschaften (Völker) eingeteilt. Die Charaktere, die Besiege- und Wiederteilnahme-Mechanismen sowie Animationen sind beliebig. Für das eigentliche Völkerspiel sei der Besiege-Mechanismus defensiv. Das Spiel kann beliebig erweitert werden.

Völkerspiel-Spiele sind in der Größe im Prinzip unbegrenzt. Das *Völkerspiel* selbst ist zwar für zwei Mannschaften spielbar, gewinnt aber erst mit weit mehr Mannschaften an Spannung. Die Mannschaften entscheiden selbst, ob und wann sie sich bekämpfen, nur teilweise bekämpfen, ignorieren, oder verbünden. Der wichtigste Unterschied zu *„Stratego"* (S.34) besteht darin, dass es hier unterschiedliche Charaktere geben kann, die sich nicht bekämpfen. Außerdem können *Aufmischer* (siehe Abschnitt *5.4 Animationen*, S.18 bzw. 6.3 Regelglieder, S.25) in Form von eigenen Mannschaften, also Charakteren, auftauchen (siehe Drachen D und Großhändler G in Abb. 6.8). Die Regeln betreffen auch hier unabhängig von der Anzahl der Mannschaften nur die Charaktere. Für den Überblick empfiehlt es sich, eine Grafik zu erstellen, in dem diese zueinander in Relation gesetzt werden. Die Pfeile geben an, wer wen aus der gegnerischen Mannschaft schlägt. Bekämpfen sich gleiche Charaktere, benötigt man einen Pfeil, der von diesem Charakter auf ihn selbst zeigt.

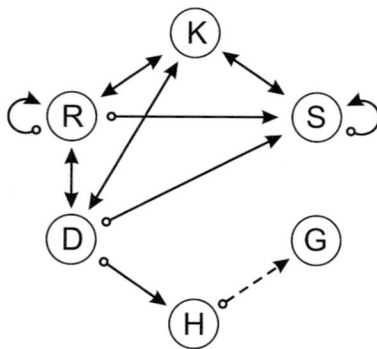

Abbildung 6.8: Schema des hier beschriebenen *„Völkerspiels"*. Die Charaktere (Kreise) sind mit Pfeilen in Beziehung gesetzt. Bekämpfen sich gleiche Charaktere, z.B. die Ritter R einer Mannschaft mit Rittern anderer Mannschaften, so zeigt ein Pfeil von diesem auf ihn selbst. Die Drachen D und Großhändler G sind eigenständige Charaktere (Spielleiter).

Die Teilnehmer werden in mehrere Mannschaften (Völker) eingeteilt. Diese werden in verschiedene Charaktere eingeteilt. Um die Unterscheidung zu vereinfachen, bekommt jeder Spieler das Wappen seines Volkes auf die eine Wange und das Symbol für seinen Charakter auf die andere gemalt/gestempelt. Bei vielen Spielern empfielt sich der Einsatz von Kartoffelstempeln.

Einige exemplarische Regeln zur vorigen Grafik (Abb. 6.8):

- Großhändler G und die Drachen D sind Spielleiter, die auch regelnd eingreifen können.

- Ritter R kämpfen gegen gegnerische Ritter, Drachen D, Spione S und Könige K.

- Drachen D sind überlegen und kämpfen gegen Ritter R, Spione S, Händler H und Könige K.

- Händler H werden von Drachen gejagt, suchen Großhändler G und bekommen eine Aufgabe.

Einzelne Charaktere funktionieren teilweise unabhängig von anderen, z.B. Händler-Ritter, was sich positiv auf die Spielregeln und deren Erklärung auswirkt. Nach divide et impera (*„teile und herrsche"*) können jedem Charakter die nur für ihn gültigen Regeln erklärt werden.

6.2 Anpassen

Alle diese Spiele können einer bekannten Geschichte angepasst oder speziell danach gebaut werden. Die Mannschaften, Charaktere, Mechanismen und Animationen werden dieser Geschichte angeglichen oder angenähert, wobei die Geschichte dementsprechend frisiert werden kann. Auch selbsterfundene, aber durchdachte, Geschichten sind hervorragend geeignet.

Nicht jede Geschichte lässt sich grundsätzlich oder auf jedes Spiel übertragen, aber Geschichten wie z.B. Star Trek, Herr der Ringe, Dune, usw., bei denen sogar viele einzelne Charaktere von Kontrahenten genannt werden, bieten sich geradezu an. Je bekannter die Geschichte ist, umso einfacher ist es auch für die Spieler, denen das ungefähre Verhältnis der Charaktere zueinander bereits bekannt ist.

Ein Geländespiel kann auch in eine Handlung oder eine Geschichte, die sich über mehrere Tage hinzieht, eingebettet werden. Es kann auch einem Motto, z.B. Mittelalter, angepasst werden.

6.3 Regelglieder

Regelglieder (Moderatoren) sind mehr oder weniger im Spiel versteckte Möglichkeiten, das Spiel zu steuern. Ein Spielleiter ist dabei am einfachsten zu erkennen. Aber auch das wiederholte Einbringen von Gegenständen, die einzusammeln sind, oder das gesteuerte Erscheinen von Stationsbetreuenden (der Wanderhafen in *7.2 Kaufleute und Piraten*, S.28 oder der Drache in *7.7 Völkerspiel*, S.35) sind Regelglieder, mit denen das Spiel gebremst, beschleunigt, verlängert oder verkürzt werden kann. Manche Regelglieder (wie der Drache in *7.7 Völkerspiel*) müssen bekannt sein, damit sie nicht als unfair empfunden werden.

Abbildung 6.9: In einem Großgeländespiels (siehe Abschnitt 12, S.47) trifft ein König mit seinem Knappen auf eine Gruppe Schotten. Die Spielleiter (König und Knappe) sowie Spieler sind verkleidet; die Pferde sind eine außergewöhnliche Dekoration. Der König verkündet neue Spielregeln. Er ist damit ein Regelglied (siehe Abschnitt 6.3).

7 Die Spiele

Die Geländespiele sind im Wesen Kriegsspiele und gehen meist auf diese zurück. Der *Krieg der Farben* war ursprünglich ein *Krieg der Fahnen*, wobei jede Mannschaft das Ziel hatte, ein gegnerisches Hoheitszeichen, z.B. eine Fahne, mit allen Mitteln zu erobern. Für *Krieg der Fahnen* findet sich häufig der moderner anmutende Name *Capture The Flag*. Dieses Spiel ist eines der ältesten, das wir kennen. Mit einem abgemilderten Ausscheideverfahren (Besiege-Mechanismus) ist das Spiel als *Krieg der Farben* für alle zivilisiert. Im Folgenden sind nun Spiele beigefügt, welche die 5 Arten von Grundspielen (siehe S.9) abdecken. Sie sind etwa Freizeitverhältnisse der Jugendpflege (40 Spieler, 5 Betreuer) ausgelegt:

Räuber und Gendarm:	Räuber und Gendarm; Kaufleute und Piraten
Krieg der Farben:	Krieg der Farben; (Burgenspiel); Ufo
Coq, Renard, Viper:	Coq, Renard, Viper
Stratego:	Stratego
Völkerspiel:	Völkerspiel

Abbildung 7.1: Im Spiel *Ufo* (Spielbeschreibung S.31), einer Variation von *Krieg der Farben* (Spielbeschreibung S.29), richtet ein Außerirdischer seine Strahlenwaffe auf eine Spielerin der Mannschaft rot/weiß. Ein Sekunudenbruchteil später weiß die Spielerin, dass sie auf mehr als die Gegner zu achten hat.

7.1 Räuber und Gendarm

Ort: Mittelschweres bis schweres Gelände mit vielen Deckungen.

Zeit: Bei Tageslicht, sonst frei wählbar.

Vorbereitung/Material: Markierungen für die Gendarme, Signalgeber.

Material: Die Markierungen für die Gendarmen sind z.B. Stirnbänder oder Schärpen aus Stoff oder Baustellenband. Die Räuber müssen sofort erkennen, dass sie einen Gendarm vor sich haben.

Spielablauf: Die Gruppe wird in Räuber und Gendarme eingeteilt. Die Räuber sind zahlenmäßig deutlich überlegen. Nach dem Anpfiff errichten die Räuber ihre *Räuberhöhle* und die Gendarme ihr *Gefängnis*. Nach einem zweiten Anpfiff beginnt das eigentliche Spiel. Die Gendarme versuchen die Räuber zu fangen. Ein Räuber gilt als gefangen, wenn er von einem Gendarm abgeschlagen wurde. Der Gendarm bringt dann den Räuber ins Gefängnis. Gelingt es einem freien Räuber, ohne abgeschlagen zu werden, ins Gefängnis einzudringen, so sind die Insassen befreit. Die Räuberhöhle ist für die Gendarme tabu. Damit die Räuber einen Anreiz haben ihre Höhle zu verlassen, darf sich nur eine begrenzte Zahl von Räubern in ihr aufhalten. Das Spiel ist beendet, wenn ein Zeitlimit erreicht ist oder sich kein Räuber mehr außerhalb der Räuberhöhle oder des Gefängnisses befindet.

Spieldauer: mehrere Runden zu 30min oder deutlich länger.

Tipp: Man kann den Räubern einen weiteren Anreiz geben, die Räuberhöhle zu verlassen, indem man ihnen eine Aufgabe stellt, z.B. eine weitere Räuberhöhle zu errichten.

Tipp: An einen Punkt im Spielfeld sitzt ein Spielleiter. Er ist die Bank, die von den Räubern überfallen werden muss. Jeder Räuber, dem es gelingt sich bis zur Bank durchzuschlagen, bekommt vom Spielleiter einen Zettel, auf dem *Beute* steht. Es kann also einen *besten Räuber* geben, der die meisten Beutezettel hat. Die Beutezettel müssen in ausreichender Zahl vorhanden sein. Erschwerend kann verlangt werden, dass ein Räuber bei der Gefangennahme seine Beute an den Gendarm abgeben muss, der sie wieder der Bank bringt.

Tipp: Der Einsatz von Lebensfäden, am besten kleinen Wollfäden ist ebenfalls möglich. Nur Räuber bekommen zu Spielbeginn einen. Bei Gefangennahme geht dieser an den Gendarmen, der ihn behält. Es kann also einen *besten Gendarmen* geben, nämlich den, der die meisten Lebensfäden hat. Im Gefängnis sitzt ein Spielleiter, der den einsitzenden Räubern einen neuen Lebensfaden gibt, den sie bei ihrer Befreiung wieder anlegen. Wollfäden besitzen den Nachteil, dass sie leicht gedehnt und zerteilt werden können, was die Anzahl verfälscht. Dem kann man entgegenwirken, wenn man statt Wollfäden Streichhölzer für die Hosentasche wählt. Mit einem buchführenden Spielleiter ist auch das Absitzen von Zeitstrafen möglich.

7.2 Kaufleute und Piraten

Ort: Leichtes bis mittelschweres Gelände mit Deckungen.

Zeit: Bei Tageslicht, sonst frei wählbar.

Vorbereitung/Material: Pro Kaufleutegruppe eine Landkarte; Spielmaterial für die Piraten; Absperrband; Stöcke (Schiffe); Frachtzettel; (Sonderkarten); Spielleiter (hier 5), welche die Häfen bilden; pro Hafen einen Stift; einen Wanderhafen; Hafenschilder; Landmarkenschilder; (zwei Siegerprämien).

Material: Die Landkarte ist eine grobe Skizze des Spielfeldes, auf der die Häfen, z.B. Piverlool, Ratterdom, Kulkatta etc. eingezeichnet sind. Zur Dekoration sollten die Ränder und unbedeutende Stellen angekokelt sein. Die Piraten werden kenntlich gemacht. Die einzelnen Gruppen bekommen je einen Stock, der lang genug ist, dass jeder problemlos daran angreifen kann. Der Stock ist das Schiff, das nicht verlassen werden darf. Die Gruppe ist damit nur so schnell wie ihr langsamstes Mitglied. Jedes Schiff bekommt einen Namen, der in den Häfen registriert werden kann. Die Frachtzettel sind kleine Handzettel, auf denen eine Fracht und der Bestimmungsort stehen, z.B. Gewürze nach Piverlool (Kopiervorlagen ab S.55). Die Hafenschilder sind kleine Schilder auf denen der Name des Hafens steht. Die *Häfen* (Spielleiter) stellen sie vor sich. Auf der Rückseite können die Frachten registriert werden. Der Wanderhafen Atlantis trägt sein Hafenschild gut lesbar an sich und hat Ersatzfrachten für überfallene Händlerschiffe bei sich.

Spielablauf: Die Gruppe wird in kleine Gruppen zu vier bis fünf Personen aufgeteilt. Sie werden nun entweder Piraten oder Kaufleute und bekommen ihr *Schiff*. Es gibt mehr Handelsschiffe als Piratenschiffe (z.B. 7:3). Die Kaufleute bekommen einen Frachtzettel, die Landkarte und einen zeitlichen Vorsprung. Ihre Landkarte geben sie niemals an die Piraten ab. Die Aufgabe der Kaufleute besteht darin, den Frachtzettel möglichst unbehelligt zum Bestimmungshafen zu bringen, wo sie den nächsten Frachtzettel bekommen. Der Name ihres Schiffs wird auf der Rückseite des Hafenschildes registriert. Jeder Hafen hat eine neutrale Zone, in der nicht überfallen werden darf. Auf dem Weg zwischen den Häfen dürfen die Kaufleute von den Piraten überfallen werden. Sie gelten als überfallen, wenn mindestens einer der Kaufmänner von mindestens einem der Piraten abgeschlagen wurde. Darauf fordern die Piraten zu einem Spiel auf. Jede Piratengruppe kann ihr eigenes Spiel, z.B. Knobeln, Würfeln, Asse raten oder Streichholzziehen, haben. Das Spiel wird dann drei Mal gespielt. Verlieren die Kaufleute mehr als ein Spiel, so müssen sie den Frachtzettel und nur diesen an die Piraten abgeben. Es gibt also zwei Gewinner: Die Piraten, welche die meisten Frachten erobert haben und die Kaufleute, welche die meisten Frachten umgesetzt haben. Haben die Kaufleute ihre Fracht verloren, so müssen sie den Wanderhafen Atlantis aufsuchen, der sich frei auf dem Gelände bewegt. Dort erhalten sie eine Ersatzfracht. Werden Kaufleute abgeschlagen, geben sie wahrheitsgemäß Auskunft, ob sie eine Fracht haben. Die Häfen dürfen nicht belagert werden. Piraten überfallen sich gegenseitig nicht. Verlässt ein Spieler den Stock, so gilt er als über Bord gegangen und kann von anderen Schiffen aufgenommen werden, was am Ende entsprechend Punkte gibt. Verlässt ein Spieler absichtlich ein Schiff und fällt dem Wanderhafen Atlantis in die Hände, so gilt er als ertrunken, scheidet aus dem Spiel aus und verbleibt bei Atlantis.

Spieldauer: Von Spielfeld und Subspielen abhängig > 1 Stunde

Tipp: Dieses Spiel kann beliebig ausgestaltet werden. Z.B. mit Verkleidungen für die Spieler, weiteren Subspielen und Dekorationen (S.18 ff.). In den Kopiervorlagen (S.55) finden sich zur Anregung Sonderkarten, die für eine Version verwendet wurden. Sie befanden sich an einigen der Landmarken, die auf der Händlerkarte verzeichnet waren. Das macht das Spiel interessanter und länger.

7.3 Der Krieg der Farben

Ort: Gut teilbares, mittelschweres bis schweres Gelände mit vielen Deckungen, in der Mitte ein kleiner Sammelplatz.

Zeit: Bei Tag, sonst frei wählbar.

Vorbereitung/Material: Farbige *Leben*; Signalgeber.

Material: Die *Leben* sind etwa 40 cm lange oder längere Streifen aus Stoff in Mannschaftsfarbe oder Absperrband (Baustellen-, Trassierband), das z.B. in den Farben rot/weiß und schwarz/gelb erhältlich ist.

Spielablauf: Die Teilnehmer werden in mindestens zwei gleichstarke Mannschaften aufgeteilt. Die Leben werden mit einem Ende lose hinten in die Hose gestopft, so dass noch ein etwa 20 bis 25cm langes Stück herausschaut.
Ziel des Spieles ist es, dem Gegner das Leben abzuziehen. Wer so sein Leben verloren hat, gilt als *tot* und scheidet sofort aus. Er darf also keine Bänder mehr abreißen und muss zum Sammelpunkt, dem *Friedhof*, gehen. Bei Spielbeginn bezieht jede Mannschaft ihr Territorium. Nach etwa 1 Minute erfolgt der Anpfiff. Der Krieg beginnt. Zum Abbruch des Spieles wird zweimal gepfiffen. Gewonnen hat, wer am Ende die meisten Überlebenden hat.

Spieldauer Hauptteil: ca. 1 Stunde

Variationen:

Wiederbelebung Besiegter: Diese Variante empfiehlt sich vor allem beim Einsatz von *Leben* (siehe *Material*). Der *Friedhof* ist nun etwas größer und eine Neutrale Zone. In ihm finden also keine Kampfhandlungen statt. Der Sieger darf jeweils nur ein Leben erobern und muss mit seinem Opfer in die neutrale Zone kommen. Dafür bekommt er einen Punkt für seine Mannschaft gutgeschrieben. Der Sieger verlässt nun umgehend die neutrale Zone. Die Opfer müssen, um ihr Leben zurückzuerhalten, eine Aufgabe bewältigen, die ihnen ein Spielleiter individuell stellt, z.B. einen Regenwurm ausgraben oder mit einem Baum tanzen. Jeder, der die neutrale Zone verlässt, genießt noch etwa 10 bis 15m freies Geleit, d.h. er darf nicht angegriffen werden.

Einsatz eines Schatzes: Jede Mannschaft bekommt einen Schatz mit, den sie im eigenen Territorium verstecken muss. Der Schatz kann für den höheren Anreiz pro Person der (gegnerischen) Mannschaft eine Kleinigkeit enthalten, z.B. Lutscher oder Minischokoriegel. Die Zeit zum Anpfiff verzögert sich nach Ermessen des Spielleiters. Erobert eine Mannschaft den Schatz des Gegners, so darf sie diesen behalten und unter sich aufteilen. Wird kein Schatz erobert, so verteilen die Mannschaften den eigenen Schatz unter sich. Der Schatz steht nun im Vordergrund des Spiels.

Bau von Burgen: Das Verstecken des Schatzes lässt sich mit dem Errichten einer Burg zur Beherbergung des Schatzes oder einer Trophäe verbinden. Das Spielfeld wird geteilt und jede Mannschaft bezieht ihren Teil. Nach dem ersten Anpfiff müssen die Mannschaften eine *Burg* errichten. Sie bekommen dazu ausreichend Zeit. Spionage ist währenddessen verboten. Ein zweiter Anpfiff beginnt den Krieg. Die Burg sollte dann von einem Wächter bewacht werden. Das

Errichten von Scheinburgen ist erlaubt. Diese Variante ist das **Burgenspiel**.

Einsatz einer Trophäe: Die Trophäe wird in einer *Burg* verwahrt. Gelingt es einer Mannschaft, alle gegnerischen Burgwächter zu besiegen und in die nun leere Burg einzudringen, gilt die Burg als erobert. Die Sieger können nun die Trophäe in die eigene Burg bringen. Sie ergibt am Ende des Spiels wesentlich mehr Punkte als ein besiegter Gegner.

Aufsammeln: Im Gelände werden Gegenstände (z. B. Bierdeckel) verteilt, die aufgesammelt werden müssen. Jeder eingesammelte und bei einem Spielleiter abggebene Gegenstand gibt Punkte für die eigene Mannschaft. Es empfiehlt sich hierbei eine Strichliste zu führen. Es darf nur ein Gegenstand gleichzeitig oder ein besiegter Gegner transportiert werden. Besiegte dürfen bis zu ihrer Wiederbelebung nichts transportieren. Der Vorteil dieser Variante liegt darin, dass die Gegenstände wieder ins Spielfeld eingebracht werden können und ein Anreiz existiert, sich im Spielfeld zu bewegen.
Alternativ können so Waldgebiete von Unrat gesäubert werden.

Trachten: Die Mannschaften müssen sich eine Tracht ausdenken und diese auch anlegen. Beispiele dazu wären: Hosen verkehrt herum anziehen oder eine bestimmte Laubart ins Haar stecken.

Animatoren: Sie wirken sich hervorragend auf die Spieldynamik aus. Ein oder mehrere Spielleiter befinden sich im Spielfeld und scheuchen die Spieler immer wieder, z.B. mit Wasserspritzpistolen oder leicht mit Mehl gefüllten Socken, auf. In das Spiel eingebettet können sie Waldgeister, Dämonen, Außerirdische, o.ä. sein.

Allgemeines:

Das Kernspiel *Krieg der Farben* erlaubt unzählige Varianten. Sind die Gruppe und das Spielfeld groß genug, kann man in mehr als zwei Mannschaften aufteilen.

Bei der Erklärung und Durchführung des Spiels sollte man beachten, dass es beim Spiel alles andere als zimperlich zugehen kann. Die Spieler sind zu belehren, dass es nur darum geht, das Band oder das Leben abzuziehen, und nicht etwa mit möglichst vielen blauen Flecken und ausgeschlagenen Zähnen zurückzukehren.

7.4 Ufo

Bei diesem Spiel handelt es sich um eine Variation von *Krieg der Farben*. Diese sollte vorher bereits mit der *Wiederbelebung Besiegter* durchgeführt worden sein.

Ort: Gut halbierbares, mittelschweres bis schweres Gelände mit vielen Deckungen, möglichst Wald. Ein kleiner Sammelplatz an der Grenze ist notwendig.

Zeit: Bei Tag. Da sich die Spielzeit verlängern kann, bevorzugt früher Nachmittag.

Vorbereitung/Material: Signalgeber, *Leben*, *Wrackteile*, Schreibblock, Stift, und ein *Fluxkompensator*, zwei Schätze, Wasserspritzpistole, Verkleidung und Spritzwasser für den Außerirdischen.

Material: Die Leben bestehen z.B. aus einem Stück Baustellenband, das in den Farbkombinationen rot/weiß und schwarz/gelb erhältlich ist. Die Wrackteile sind beliebig geformte Pappkörper für Bug-, Heck-, Seiten- und Deckenteil sowie Unmengen von Bierdeckeln, die wie die Wrackteile mindestens einseitig mit Alufolie beklebt und eventuell mit einer angemessenen Punktzahl beschriftet sind. Der Fluxkompensator ist eine etwa zigarrenkistengroße Schachtel, die für eine Mannschaft ausreichend mit kleinen Schoko-Riegeln der Marke (Achtung Schleichwerbung!) „Nachbarplanet" oder „Milchstraße" gefüllt ist. Die Schätze sind genauso mit beliebigen Kleinigkeiten gefüllte Päckchen.

Spielablauf: Die Spieler werden in mindestens zwei etwa gleichstarke Gruppen eingeteilt. Jeder Spieler steckt ein *Leben* seiner Gruppe so hinten in seine Hose, dass noch ein mindestens 20 cm langes Stück herausschaut. Das Gelände wird mittig, bei mehr als zwei Mannschaften, zur Mitte hin geteilt. Mit einem Signal wird der erste Teil des Spiels gestartet. Die Teilnehmer haben die Aufgabe in ihrem Teil des Gebiets eine Burg zu errichten, in der alle Mannschaftsmitglieder gleichzeitig Platz finden, und ein Feldzeichen zu bauen, das in dieser Burg verwahrt wird. Spionage ist nicht erlaubt. Währenddessen bewegen sich nicht mehr als zwei Spielleiter unauffällig zur *Absturzstelle* (siehe Tipp) und dekorieren diese mit den Wrackteilen. Der Fluxkompensator wird so gut versteckt, dass niemand eine faire Chance hat, ihn zu finden. Er geht als Preis an die Gewinnermannschaft. Nach einem Doppelsignal kehren die Teilnehmer zum Sammelplatz zurück. Die Mannschaften bekommen nun ihren Schatz, der ebenfalls in ihrer Burg verwahrt wird. Am Sammelplatz bekommen die Teilnehmer folgende Geschichte erzählt: In dem Dschungel (Spielgebiet) ist ein Ufo abgestürzt. Der Außerirdische hat überlebt und versucht euch mit seiner Strahlenwaffe zu beschießen. Er selbst ist unverwundbar. Jede Truppe muss nun versuchen so viele Wrackteile wie möglich zum Sammelplatz zu bringen. Die Wrackteile sind so groß und schwer, dass man sie natürlich einzeln transportieren muss. Jedes zurückgebrachte Teil bringt Punkte für die eigene Mannschaft. Das wichtigste Teil ist der Fluxkompensator. Er verbleibt der Findermannschaft, die dann sofort gewonnen hat. Aber Vorsicht! Man kann jederzeit sein Leben, also Band, verlieren. Das Leben darf nur jemand abziehen, der kein Wrackteil transportiert. Wenn der Besiegte beim Verlust seines Lebens ein Wrackteil transportiert hat, muss er es sofort fallen lassen, denn er ist ja tot. Und der Sieger kann es auch nicht mitnehmen, denn er begleitet bereits den Besiegten zum Sammelplatz. Währenddessen darf kein Angriff auf die beiden erfolgen. Am Sammelplatz werden der Mannschaft des Abziehers dafür Punkte gutgeschrieben. Ein Leben ist soviel Wert wie ein kleines Wrackteil. Nun darf der Abzieher wieder an den Kampfhandlungen teilnehmen.

Der Besiegte muss nun eine Gegenleistung erbringen um sein Leben zurückzuerhalten, wie z.B. ein spontanes Lied singen. Ein erobertes Feldzeichen gibt viele Punkte. Die Schätze dürfen nach dem Spiel von den Besitzern aufgegessen werden. Es gibt also fünf Ziele:

1. Berge so viele Wrackteile wie möglich.
2. Besiege so viele Gegner wie möglich.
3. Finde den Fluxkompensator.
4. Erobere den gegnerischen Schatz.
5. Erobere das gegnerische Feldzeichen.

Gewonnen hat die Mannschaft, welche die meisten Punkte sammeln konnte.

Der Sammelplatz besitzt einen neutralen Umkreis, in dem kein Gegner gejagt werden darf. Kein Lebender darf sich grundlos dort aufhalten. Vom Sammelplatz aus begibt sich jede Mannschaft in ihre Burg. Ein Pfiff startet das Spiel, ein Doppelpfiff beendet das Spiel.

Spieldauer Hauptteil: Das Vorspiel sollte höchstens eine Stunde dauern, der Hauptteil 1,5 Stunden aber auch wesentlich länger. Beide Zeiten können dem Spielverlauf angepasst variiert werden.

Tipp: Als Absturzstelle bieten sich lokale Gegebenheiten wie Erdkuhlen oder Hohlwege an. Der Fluxkompensator wird vergraben und getarnt, die großen Wrackteile liegen verstreut und die Bierdeckelwrackteile werden im näheren Umkreis mit der Aluminiumseite nach oben verteilt.

Tipp: Der Außerirdische sollte ebenfalls dekoriert werden. Ein schrilles Aussehen ist zwar witzig, aber eine Volltarnung ermöglicht das unbemerkte Annähern und plötzliche Losschießen mit der Wasserspritzpistole (Strahlenwaffe).

7.5 Coq, Renard, Viper

Ort: Gelände mit vielen Deckungen

Zeit: Bei Tageslicht, sonst frei wählbar.

Vorbereitung/Material: Farbige *Leben* für drei Mannschaften, Signalgeber, eventuell eine Belohnung für die Siegermannschaft.

Material: Die *Leben* sind etwa 40 cm lange oder längere Streifen aus Stoff in Mannschaftsfarbe.

Spielablauf: Die Spieler werden in drei gleichstarke Mannschaften aufgeteilt, die Hühner, die Füchse und die Schlangen. Die Leben werden mit einem Ende lose hinten in die Hose gestopft, so dass noch ein etwa 20 bis 25cm langes Stück herausschaut. Die Füchse werden von den Schlangen gejagt und jagen die Hühner, die Hühner werden von den Füchsen gejagt und jagen die Schlangen, die Schlangen werden von den Hühnern gejagt und jagen die Füchse.

Ziel des Spieles ist es, dem Gejagten das Leben abzuziehen. Wer so sein Leben verloren hat, gilt als *tot* und scheidet sofort aus. Er darf also keine Leben mehr abreißen. Bei Spielbeginn errichtet jede Mannschaft ihren *Bau* (Verwendung siehe Variationen). Nach etwa 15 Minuten erfolgt das Startsignal. Das eigentliche Spiel beginnt. Zum Abbruch des Spieles wird zweimal gepfiffen.

Spieldauer: ca. 45 - 60 Minuten

Variationen:

Friedhof: In der primitivsten Variation gehen die erfolgreich Bejagten zu einem vereinbarten Sammelplatz und müssen dort das Spielende abwarten. Ist eine Mannschaft ausgelöscht, können sich die übriggebliebenen Mannschaften bekämpfen. Es bleiben dann zwar nur wenige, bestenfalls ein Gewinner übrig, aber für die Ausgeschiedenen wird es langweilig.

Wiederbelebung: Die erfolgreich Bejagten erhalten bei der Spielleitung gegen Absitzen einer Strafzeit oder Bewältigung einer kleinen Aufgabe ein neues Leben. Dies erfordert einen großen Vorrat an *Leben*, allerdings können die Jäger die eroberten Bänder als Trophäe behalten. Gewonnen hat die Mannschaft, welche die meisten Leben erobert hat. Alternativ muss der Jäger mit seinem Opfer zu den/dem Betreuer(n) gehen, wo die Beute registriert wird. Das bringt den Vorteil, dass kein großer Vorrat an Leben benötigt wird, bremst aber Jäger und deren Jagdtaktiken und erhöht den Betreuungsaufwand.

Verwahrung im Bau: Die Jäger bringen die Besiegten in ihren Bau. Im Bau bekommen die Erbeuteten sofort ihren Stoffstreifen zurück. Gelingt es einem noch freien Mitglied der Beutemannschaft in den Bau einzudringen, gelten die Erbeuteten als befreit und müssen erneut bejagt werden. Das Spiel endet von sich aus frühestens, wenn eine Mannschaft komplett im Bau ihrer Jäger sitzt.

7.6 Stratego

Ort: Leichtes Gelände mit wenigen Deckungen ist bereits ausreichend.

Zeit: Bei Tageslicht, sonst frei wählbar.

Vorbereitung/Material: Signalgeber, Karten für die Spieler

Material: Jede Mannschaft bekommt einen Satz Karten der gleichen Vorlage (siehe Anhang S.48-50), am besten in einer spezifischen Mannschaftsfarbe. Jeder Spieler erhält eine Karte, die er während des Spiels behält. Sie gibt seinen Charakter (kenntlich gemacht) vor. Sollten die Karten nicht ausreichen, können Charaktere mittlerer Stärke mehrfach besetzt werden.

Spielablauf: Die Spieler werden in mindestens zwei Mannschaften eingeteilt. Jede Mannschaft bekommt ihre Karten, die an die einzelnen Spieler verteilt werden.
Nach einem ersten Signal errichtet jede Mannschaft ein *Gefängnis* und darf die Spielkarten untereinander nochmals taktisch durchtauschen. Ein zweites Signal beginnt das Spiel. Mit dem Anpfiff dürfen die Karten nicht mehr getauscht werden und bleiben fix beim Spieler.
Treffen sich zwei Gegner aufeinander, so schlagen sie sich ab und zeigen sich ihre Karten. Wer wen besiegt, geht aus den Karten hervor. Gleiche Charaktere besiegen sich nicht. Besiegte werden in das Gefängnis des Siegers gebracht. Dabei dürfen sie nicht kämpfen.
Das Spiel gilt als gewonnen, wenn ein bestimmter spielentscheidender (schwächster/stärkster) Charakter des Gegners aufgespürt und besiegt wurde. Gelingt es einem Befreier (spezieller, dafür bestimmter Charakter) unbehelligt in das gegnerische Gefängnis einzudringen oder selbiges abzuschlagen, gelten die Gefangenen als befreit. Das Spielen mehrerer Runden wird gerne angenommen.

Spieldauer: Am Anfang oft kurz; mit eingespielten Gruppen pro Runde ca. 45 bis 60 Minuten

Tipp: Ein bestimmter Charakter ist der Befreier aus dem Gefängnis. Bei ausreichender Spieleranzahl kann er doppelt besetzt werden. Regelnd kann abgebrochen werden, wenn alle Befreier einer Mannschaft und alle, die den spielentscheidenden Charakter schlagen können, im Gefängnis einsitzen.

Tipp: Beim Besiegen des stärksten Charakters kann ein weiterer *Befreier* verliehen werden. Das setzt voraus, dass nicht der stärkste Charakter zum Gewinnen des Spiels zu besiegen ist.

Tipp: Der schwächste Charakter kann der Befreier für das Gefängnis sein. Er sollte dann allerdings nicht der spielentscheidende Charakter sein.

Nachtstratego

Mit einem speziellen Kartensatz (S.51 ff.) kann Stratego auch bei Dunkelheit gespielt werden. Die Spielbeschreibung findet sich in Abschnitt 8.3, S.40.

7.7 Das Völkerspiel

Ort: Weitläufiges, mittelschweres bis schweres Gelände mit vielen Deckungen, in der Mitte ein kleiner Sammelplatz.

Zeit: Bei Tag. Bei entsprechender Größe des Spiels sollte viel Zeit eingeplant werden.

Vorbereitung/Material: Hautverträglicher Stift (oder Ähnliches), Handelsgut, Verkleidungen für die Drachen, Münzen zum Werfen, Tauschmarken, Wollfäden (Leben), Signalgeber.

Material: Die Leben sind z.B. Wollfäden, die um das rechte Handgelenk gebunden werden. Die Tauschmarken können z.B. kleine Papierschnipsel mit einem Kreuz sein. Das Handelsgut muss aus einem Material bestehen, das auf dem Spielfeld sonst nicht verfügbar ist, z.B. Lederstreifen. Handelsgut und vor allem Tauschmarken müssen in großen Mengen bereitstehen.

Spielablauf:

Die Teilnehmer werden in kleine Völker aufgeteilt. Jedes Volk besitzt einen König, mindestens einen Händler, mindestens zwei Ritter und eventuell weitere Charaktere.

Die Teilnehmer bekommen auf die eine Wange das Wappen ihres Volkes und auf die andere ein Zeichen für Ritter oder Händler usw. gemalt oder gestempelt.

Die Ritter, die Könige und die Drachen (Spielleiter) bekommen Leben um das rechte Handgelenk gebunden.

Im Spielfeld befinden sich Spielleiter: mindestens ein Drache, etwa zwei Großhändler und ein Zwischenhändler. Diese verkleiden sich dementsprechend. Nur der Zwischenhändler bleibt an einem festen Punkt etwa in der Mitte des Spielfelds.

Die Großhändler tragen das Handelsgut bei sich und bewegen sich permanent im Spielfeld. Wird einer von ihnen von einem Händler gefunden, stellt er diesem eine kleine lustige Aufgabe, wie z.B. einem Baum einen Heiratsantrag machen. Erfüllt dieser sie, bekommt er ein Handelsgut. Gehen die Handelsgüter zur Neige, kann der Großhändler beim Zwischenhändler neue holen.

Der Zwischenhändler sitzt an einem festen Punkt etwa in der Mitte des Spielfeldes und hat die Tauschmarken. Jeder Händler kann bei ihm je ein Handelsgut gegen eine Tauschmarke eintauschen und diese dann zu seinem König bringen. Jeder, der sein Lebensband verloren hat, bekommt dort ein neues, nachdem er eine kleine lustige Aufgabe, die ihm der Zwischenhändler stellt, wie z.B. ein Lied singen, erfüllt hat.

Die Händler versuchen einen der Großhändler, die sich frei im Spielfeld bewegen, zu finden. Der stellt dann eine kleine lustige Aufgabe. Wird diese erfüllt, bekommt der Händler ein Handelsgut. Dieses Handelsgut muss zum Zwischenhändler gebracht werden. Der tauscht es in Marken um. Diese werden dann zum König gebracht. Dort sind sie das Vermögen des Volkes. Die Händler dürfen nur eine Ware oder eine Marke gleichzeitig bei sich tragen. Auf dem Weg zum Zwischenhändler oder zum König dürfen sie von Drachen überfallen (abgeschlagen) werden. Dann müssen sie ihr Handelsgut oder ihre Marke an den Drachen abgeben und erneut einen Großhändler suchen.

Die Ritter bekommen je eine Münze. Trifft ein Ritter auf einen Ritter eines anderen Volkes so bekämpfen sie sich, indem sie eine Münze werfen. Ein Spiel besteht aus drei Runden Münzewerfen. Der, welcher mehr als eie Runde gewonnen hat, ist Sieger und bekommt das Lebens des Unterlegenen. Der Sieger bringt dieses Leben schnellstmöglich zu seinem König. Der Unterlegene bekommt beim Zwischenhändler eine kleine lustige Aufgabe, wie z.B. ein Lied singen, gestellt. Wenn er sie erfüllt hat, bekommt er ein neues Leben. Gelingt es einem Ritter zu einer gegnerischen Burg vorzudringen und dort befindet sich kein gegnerischer Ritter mehr, so kann er den König zum Münzwerfen herausfordern. Verliert der König, so muss er das Vermögen (nur die Tauschmarken) seines Volkes herausgeben. Verliert der Ritter, bekommt der König sein Band. Die Ritter können auch jederzeit von Drachen überfallen (abgeschlagen) werden. Die Drachen sind überlegen, d.h. der Ritter muss zwei Spiele Münzwerfen gegen den Drachen gewinnen, um zu siegen. Gewinnt der Ritter, bekommt er das Leben des Drachen. Es ist wertvoller als ein normales Leben.

Die Könige sitzen in ihrer Burg und bekommen von Händlern Tauschmarken und von den Rittern Lebensbändchen gebracht. Diese horten sie in der Burg. Gelingt es einem generischen Ritter bis zur Burg vorzudringen, kann dieser den König zum Münzewerfen herausfordern. Befindet sich noch ein eigener Ritter beim König, so muss er den König beschützen, d.h. er muss zuerst besiegt werden. Gewinnt der gegnerische Ritter gegen den König, so muss dieser alle Tauschmarken herausgeben, die der Ritter dann zu seinem König bringt. Verliert der Ritter, so bekommt der König dessen Leben. Alle Leben, die der König hortet, bleiben immer bei ihm. Der König entscheidet, ob und welches Volk angegriffen wird und darf seine Ritter in den Kampf schicken.

Die Drachen fangen Händler durch Abschlagen, welche dann ihre Ware an sie abgeben müssen und kämpfen gegen Ritter. Ein Ritter ist herausgefordert, wenn er abgeschlagen wurde. Ein Drache hat zwei Leben, d.h. der Ritter muss zwei Spiele zu drei Runden Münzewerfen gewinnen. Verliert er auch nur ein Spiel, geht sein Leben an den Drachen. Gewinnt er beide, bekommt er das Leben des Drachen. Drachen bekommen dann beim Zwischenhändler ein neues Leben.

Nach einem Startsignal suchen sich die Völker im Spielfeld einen möglichst versteckten Ort und errichten dort eine kleine Burg, in der ihr König sitzt. Sie bekommen dazu etwa 20 Minuten Zeit. Spionage ist währenddessen verboten. Ein zweites Startsignal beginnt das Spiel, ein Doppelsignal beendet es.

Gewonnen hat das Volk, welches das größte Vermögen anhäufen konnte. Ein Leben zählt einen Punkt, eine Tauschmarke zählt zwei Punkte.

Spieldauer Hauptteil: etwa 1,5 Stunden, bei vielen Völkern auch wesentlich länger.

Tipp: Um die Wiederbelebung beim Zwischenhändler zu vereinfachen, kann man auch Mehl mitführen und jeder, der ein neues Lebensbändchen braucht, bekommt zur Wiederbelebung etwas Mehl auf den Kopf gestreut. Das ist zwar lustig, aber auch eine heillose Sauerei.

Tipp: Etwas Besonderes ist es, wenn zur Dekoration die Völker vorher ihr Wappen, vielleicht auch etwas ausgeschmückt, auf ein Plakat malen und dieses dann vor ihre Burg stellen müssen.

Tipp: Drachen sind als Regelglieder nutzbar. Sollte ein Volk zu stark werden, kann z.B. mal ein Drache in dessen Burg eindringen und diese ausrauben.

Beispiele für Wappen für die Völker:

    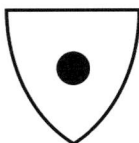 

Abbildung 7.2: Beispiele für Wappen für die einzelnen Völker.

Beispiele für die Charaktere:

 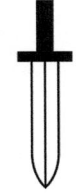 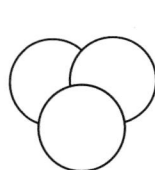

Abbildung 7.3: Beispiele für die Charakterzeichen im Völkerspiel: König, Ritter und Händler.

Tipp: Sollte es die Größe des Spiels erlauben, kann für jedes Volk ein zusätzlicher Charakter, z.B. ein Diplomat oder ein Spion, eingeführt werden. Diese könnten z.B. immun gegen Angriffe sein, herausfinden, wo welche Burg liegt, versuchen Leben gegen Tauschmarken zu handeln (Tauschmarken sind pro Stück mehr Wert, können aber erbeutet werden) oder Verbündete suchen, um ein anderes Volk zu überfallen.

Tipp: Die Größe jeden Volkes sollte 8 bis 10 Personen nicht wesentlich überschreiten. Lieber sollte es mehr Völker geben. Das Spiel beginnt ab 16 Teilnehmern in 4 Völkern gut zu funktionieren. Auch 240 Spieler oder wesentlich mehr stellen kein Problem dar, da man allen Charakteren ihre Regeln separat erklären kann.

Tipp: Beim Zwischenhändler kann für den Notfall ein Erste-Hilfe-Satz liegen. Außerdem kann dort oder bei den Königen eine Trinkwasserversorgung stattfinden.

Tipp: Es bieten sich weitere Regelglieder/Subspiele an. Vorschlag: Seuchen (Pest, Gelbfieber, Pocken, Schwindsucht, usw.). Jedes Volk besitzt nur ein Heilmitteln gegen eine der Seuchen. Eine Seuche kann ein Volk heimsuchen und zeichnen (Spielleiter malt Spieler mit Stift an). Sie besetzt das Vermögen beim König oder kassiert alles, was ab dann reinkommt. Die Leute des Volks müssen nun versuchen, an das Heilmittel zu kommen, damit die Seuche verschwindet. Das Heilmittel kann von einem der anderen Völker erbeten oder erkauft werden. Für den Fall, dass das andere Volk nicht mitspielt, kann je eine zweite Flasche Heilmittel im Spielfeld versteckt sein. Die Seuche darf sich beim Heimsuchen des Volkes entscheiden, welche sie ist, damit sie immer erfolgreich wüten kann.

Tipp: Angepasst auf eine andere Geschichte, z.B. *Herr der Ringe*, kann daraus *Gandalfs dicker Hintern* werden. Die Tauschmarken sind dann viele kleine Heubüschel, die der Zwischenhändler Gandalf aufkauft, um bequemer sitzen zu können.

8 Nachtgeländespiele

Nachtgeländespiele sind eine sehr seltene Spielegattung. Es gibt Spiele, die auf Leucht- oder Geräuscheffekten beruhen und Spiele, die auf das Erleben der Nachtstimmung mit dem Hör- und Tastsinn ausgelegt sind.

Für die Spieler stellen Nacht, insbesondere Nachtgeländespiele, besondere Herausforderungen dar. Meistens sind die Spieler sehr laut, um ihre Unsicherheit zu überspielen. Das ist dem Spielverlauf sehr abträglich. Selbst schweigende Gruppen neigen zu Angsterscheinungen, was sich in Zusammenrottungen ängstlicher Spieler äußert.
Soll das Nachtspiel erfolgreich sein, müssen die Spieler mit der Dunkelheit wenigstens ansatzweise vertraut sein. Ein sehr charmantes Spiel für den Einstieg ist *8.1 Heulende Wölfe*. Die spielbedingten Rufe zeigen ängstlichen Spielern permanent die Anwesenheit der anderen.

Nachts können stechende Äste bzw. Stolperfallen zu einer echten Gefahr für Augen und Beine werden. Das ist in jedem Fall zu berücksichtigen (siehe auch Abschnitt 3.5, S.12).

8.1 Heulende Wölfe

Ort: Gut einzugrenzendes, nicht zu großes Gebiet, möglichst Wald (nächtlicher Fichtenwald).

Zeit: Bei Dunkelheit.

Vorbereitung/Material: Für jedes Tier einen Stift, für alle anderen Spieler je mehrere Pappkarten.

Material: Die Karten sollten nicht zu groß und nicht zu klein sein. Handelsübliche Karteikarten sind gut geeignet. Die Stifte sollten Filzstifte sein.

Spielablauf: Einige Spieler sind in je verschiedene Tiere wie Esel, Katze, Hund, Kuckuck, Käuzchen, Krähe usw. und zwei Wölfe eingeteilt. Die Tiere bekommen je einen Stift und verstecken sich mit den Wölfen im Wald. Die anderen Spieler bekommen je eine Karte und müssen sich von jedem Tier eine Unterschrift holen. Die Tiere machen sich alle paar Sekunden mit ihrem Ruf bemerkbar. Die Wölfe machen sich durch Heulen bemerkbar und lauern den Spielern auf. Erwischt ein Wolf einen Spieler, so nimmt er ihm die Karte ab. Dieser muss sich beim Spielleiter eine neue Karte besorgen und von vorn beginnen.

Tipp: Als kleine Irreführung kann man heimlich einige Spieler, die Unterschriften sammeln müssen, zu Schafen machen, die sich ebenfalls alle paar Sekunden mit einem satten „*Mäh*" bemerkbar machen. Sie geben keine Unterschrift.

8.2 Runenspiel

Ort: Leichtes bis mittelschweres Gelände mit Deckungen, gut markierbar.

Zeit: Nach Einbruch der Dunkelheit.

Vorbereitung/Material: Runen aus Pappe, Signalgeber, Liste für das Nachspiel.

Material: Runen sind Runenzeichen (Abb. 8.1) auf unterschiedlich geformten Kartonkarten. Jeder Gruppe ist eine mit dem Tastsinn deutlich unterscheidbare Kartenform, z.B. dreieckig, zugeordnet. Es sollte doppelt so viele Runen wie Teilnehmer geben. Eine Liste ist eine Schriftrolle, auf der jedem Runenzeichen ein Begriff zugeordnet wird. Die Begriffe sollten für jedes Volk soweit wie möglich variieren. Siehe auch *Nachspiel*.

Spielablauf: Die Gruppe wird in vier Mannschaften (Volk des Nordens, Ostens, Südens und Westens) eingeteilt. Jedem Volk wird eine Runenform zugeordnet (z.B. Volk des Westens erhält Dreiecke). Die Symbole sind noch ohne Belang. Die beiden Spielführer bewegen sich frei auf dem Feld.
Jedes Volk versucht nur die Runen des nächsten Volkes zu erhandeln, z.B. die des Westens die des Nordens, die des Nordens die des Ostens, die des Ostens die des Südens und die des Südens die des Westens. Erhandelt wird durch die Frage: „Woher kommst du?". Ist der Angesprochene vom gesuchten Volk und hat eine passende Rune, so muss er diese abgeben. Wurde eine Rune erhandelt, muss sie bei einem bestimmten Spielführer abgegeben werden. Bis diese Rune abgegeben ist, darf dieser Spieler keine weitere Rune erhandeln. Der Abgebende muss ebenfalls einen bestimmten Spielführer suchen, der ihm, solange der Vorrat reicht, eine Ersatzrune gibt. Der Abgebende darf, solange er keine Rune besitzt, keine Runen erhandeln. Ein Befragter darf also prüfen, ob der Ansprechende überhaupt ein Rune besitzt. Nur wer eine Rune besitzt, darf handeln. Wer sich im Spielfeld zu gut versteckt, kann keine anderen Runen erhandeln. Es zählen nur die beim zugewiesenen Spielführer abgegebenen Runen. Das Spiel sollte leise gespielt werden.

Spieldauer: ca.1 Stunde.

Nachspiel: Jedes Volk bekommt eine Liste, auf der jedem Runenzeichen ein möglichst abstruser Begriff, wie Zwetschgenkuchen oder Backstein, zugeordnet ist. Von dieser Liste darf jedes Volk jede erhandelte Rune mit dem zugehörigen Begriff streichen. Aus den verbliebenen Begriffen muss jedes Volk seine Chronik dichten und am Lagerfeuer vortragen. Je mehr Runen also erobert wurden, umso einfacher wird diese Aufgabe.

Beispiele für Runenzeichen und Kartenformen:

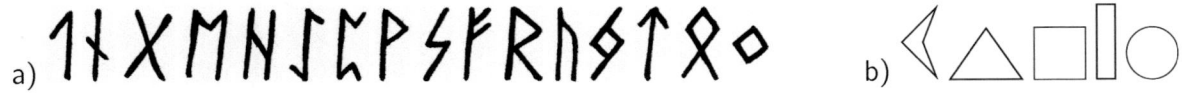

Abbildung 8.1: a) Beispiele für Runenzeichen. b) Beispiele für Kartenformen

8.3 Nachtstratego

Um Stratego bei Nacht spielen zu können, sollten die Spieler bei Tage bereits ein Stratego gespielt haben, damit die sie mit der Handhabung der Karten und den Regeln vertraut sind.

Ort: Besonders dunkle Waldabschnitte (Fichtenwald) sind von Vorteil.

Zeit: Bei Dunkelheit.

Vorbereitung/Material: Kartensatz, kleine Lichtquellen (Knicklichter), Signalgeber.

Material: Bei den Karten handelt es sich um den Kartensatz *Erzschürfer und Langbärte* auf S.51 ff.. Dort befinden sich Kopiervorlagen für die Vorder- und Rückseite für zwei Mannschaften, nämlich die Zwerge *Erzschürfer* und *Langbärte*. Eine farbliche Unterscheidung ist nicht notwendig. Sollten die Karten nicht ausreichen, können Charaktere mittlerer Stärke mehrfach besetzt werden. Die sich entsprechenden Charaktere der gegnerischen Mannschaften sollten gleichmäßig belegt sein.
Lichtquellen sind kleine Knicklichter, wie sie im Angelbedarf (*Leuchtköder*) erhältlich sind. Die Farben *Weiß* und *Rot* sind dabei geeignet, denn sie sind lichtschwach. Jeder Spieler kann eines bequem verdeckt bei sich tragen und erst dann zum Vergleichen der Karten herausholen, wenn er mit einem anderen Spieler in Kontakt tritt.

Spielablauf: Die Spieler bilden zwei Mannschaften, die Erzschürfer und die Langbärte. Jede Mannschaft bekommt ihre Karten und Knicklichter, die an die einzelnen Spieler verteilt werden. Die Gefängnisse werden mit schwachen Leuchtmarkierungen kenntlich gemacht.
Nach dem Anpfiff verstecken sich die Spieler im Spielfeld. Ein zweites Signal startet das Spiel. Treffen sich zwei Gegner, so schlagen sie sich ab und zeigen sich ihre Karten. Wer wen besiegt, geht aus den Karten hervor. Besiegte werden in das eigene Gefängnis gebracht. Dort tragen sie ihre Lichtquelle offen. Gelingt es einem Spieler unbehelligt in das gegnerische Gefängnis einzudringen, gelten die Gefangenen als befreit.
Das Spiel gilt als gewonnen, wenn wahlweise alle Gegner oder eine bestimmte Anzahl von Gegnern gefangen sind.

Tipp: Man kann bestimmten Spielern ausschließlich die Aufgabe von Befreiern aus dem Gefängnis zuweisen. Die Befreier können z.B. Knicklichter in einer anderen Farbe als Erkennungszeichen bekommen. Das Spiel gilt dann ebenfalls als gewonnen, wenn alle diese Spieler des Gegners im Gefängnis einsitzen.

Tipp: Um ein bisschen mehr Schwung in die Sache zu bekommen, können Sonderspieler (Spielleiter) als Dämonen oder Riesen ins Spiel gebracht werden. Trifft ein Sonderspieler auf einen Spieler, besiegt er diesen auf jeden Fall, legt einen spektakulären Auftritt hin oder benutzt mal eine Wasserspritzpistole.

Tipp: Spielkarten für Nachtstratego können improvisiert werden, indem die Karten eines Tagstrategos pro Mannschaft eine spezielle Form, z.B. durch Abtrennen einer Ecke, bekommen.

Spieldauer: Stark von den Spielern und dem Spielfeld abhängig.

9 Originalteile und Bilder

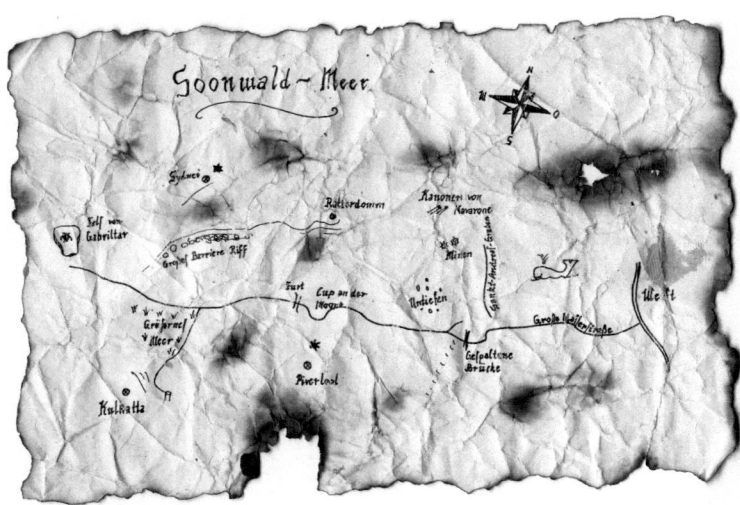

Abbildung 9.1: Detailreiche, originale Landkarte für *Kaufleute und Piraten* (S.28).

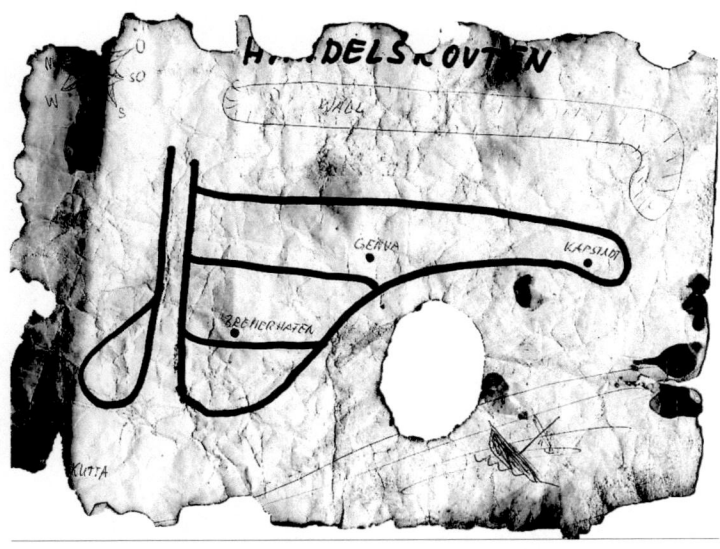

Abbildung 9.2: Originale Landkarte für *Kaufleute und Piraten* (S.28). Als Spielfeld wurde ein aufgelassenes Armee-Depot genutzt. Der Hafen „*Kalkutta*" (links unten angedeutet) befand sich in (!) einem See.

Abbildung 9.3: Eine Festung wird während eines Großgeländespiels (siehe S.47) heftig mit Mehlbeuteln gegen die Angreifer verteidigt.

Abbildung 9.4: Ein Spieler bringt ein Ufo-Wrackteil (mit Aluminium beklebter Bierdeckel) zum Sammelplatz. Unterwegs könnte er durch einen Gegner sein Leben, einen hinten in der Hose steckenden Stoffstreifen, und damit auch das Wrackteil verlieren. Spielbeschreibung S.31.

Abbildung 9.5: Geländestratego-Karten französischer Pfadfinder, vermutlich Anfang der 1980er Jahre.

10

10.1 Sonderfälle von Stratego

Bei Stratego wird jede Mannschaft in Charaktere eingeteilt. Gleiche Charaktere gegnerischer Mannschaften schlagen sich nicht. Jeder Charakter hat also eine Relation zu den anderen, die beim Zusammentreffen über Sieg oder Niederlage entscheidet. Die Spieler entnehmen dies am besten kleinen Karten, die sie mitführen. Das geht aus der Spielbeschreibung (siehe *7.6 Stratego*, S.34) hervor.

Soweit ist das Stratego-Spiel statisch, d.h. hat ein Spieler einen Charakter übernommen, behält er ihn bis zum Ende des Spiels. Es ist aber auch ein *dynamisches Stratego* machbar. Dabei werden die Spieler nicht auf einen bestimmten Charakter fixiert. Die Spieler erhalten eine *Überlegenheit*, besser eine Relation zu den Gegnern mit kleinen Gegenständen oder Stempeln, welche sie bei Stationen oder Spielleitern im Spielfeld erwerben müssen. Gleichstarke Gegner bekämpfen sich nicht und wer mehr *Stärke* also mehr von den Gegenständen oder Stempeln besitzt, besiegt den Gegner.

Für ein *separiertes Stratego* läuft die Einteilung der Charaktere etwas anders ab. Zunächst erhält jeder Charakter einer Art ein entsprechendes Gegenstück. Nehmen wir z.B. Cowboy gegen Indianer. Jeder spezielle Indianer bekommt nun sein Gegenstück: Ein Häuptling sei gleich dem Sheriff, der Medizinmann dem Doktor, die Squaw der Lady usw. An dieser Stelle kann wie bei der Konstruktion des *normalen* Strategos (siehe *6.1 Konstruktion eines Stratego-Spiels*, S.21) vorgegangen werden, nur anstatt einem Charakter stehen jetzt jeweils zwei Charaktere im Beziehungsmodell.

Die Grafik wird wie gewohnt abgelesen, aber jeder Indianer bekommt nur Cowboy-Gegner und jeder Cowboy bekommt nur Indianer-Gegner. Das hat zwei Vorteile: Die Spieler werden in zwei eindeutig und namentlich getrennte Mannschaften eingeteilt, jeder Charakter hat immer einen Gegner einer anderen Art. Der Zweite ist aber von gravierender Bedeutung. Bisher hat Stratego einen Schwachpunkt: gleiche Charaktere oder Charaktere gleicher Stärke bekämpfen sich nicht. Jetzt aber kann man die *gleichstarken* Charaktere zueinander in Beziehung setzen. Z.B. könnte ein Medizinmann immer einen Arzt oder eine Lady immer eine Squaw schlagen. Aber Vorsicht! Um das Gleichgewicht zu waren, muss die Anzahl der *stärkeren* Indianer und die der *stärkeren* Cowboys annähernd gleich sein. Nachteile: Man braucht zwei verschiedene Kartenvorlagen (eine für *Cowboys* und eine für *Indianer*). Das Erstellen dieser ist also fast doppelt so aufwendig wie sonst. Außerdem ist die Anzahl der Mannschaften auf zwei begrenzt, es sei denn jeder Charakter bekommt mehr als einen etwa gleichwertigen Gegenspieler. Dies kann zu unübersichtlichen Spielkarten führen.

Mit dem separierten Stratego ist ein Nachtstratego (Spielbeschreibung S.40) möglich. Dadurch, dass sich die Mannschaften nicht durch Farben, sondern alleine durch die Charaktere unterscheiden, ist das Vergleichen von Spielkarten auch bei sehr schwachem oder einfarbigem Licht noch möglich. Karten zum Erfühlen sind eine denkbare Alternative.

Die absolute Königsklasse ist *asymmetrisches Stratego*. Es beruht auf dem Prinzip des *separierten* Strategos und verlangt vom Konstrukteur etwas an Hirnleistung. Die Idee ist folgende: Die Beziehungen der *gleichwertigen* Charaktere zu den anderen kann sich in den verschiedenen Mannschaften unterscheiden. Ziel ist es außerdem, jedem Spieler seinen eigenen individuellen Charakter zu verleihen. Die Verteilung der Charaktere ist folglich nicht ganz einfach. Man beginnt wie beim *separierten* Stratego mit der Aufstellung eines Beziehungsmodells mit je zwei Charakteren. Die eine Art der Charaktere (Mannschaft) bekommt eine bestimmte Farbe (z.B. Grün) zugewiesen, die andere bekommt eine andere Farbe (z.B. Rot). Dabei sind zwei Beziehungsmodelle ineinander verschachtelt. Ein Charakter der Mannschaft „Grün" bekommt nur Gegner der Mannschaft „Rot". Die Beziehungslinien bekommen die Farbe des schlagenden Charakters, was das Ablesen ungemein erleichtert (Abb. 10.1). Bei einer geraden Anzahl Charaktere pro Mannschaft können durch durchgeschickte Wahl der Beziehungen alle gleich stark gemacht werden. Dieses System erlaubt außerdem eine unterschiedliche Anzahl Charaktere pro Mannschaft. Bei vielen Charakteren wird so eine Grafik sehr unübersichtlich, weshalb dann Listen empfehlenswert sind. Eine Liste erfasst die Charaktere einer Mannschaft und wen sie schlagen. Die Gegenliste erfasst jeden gegnerischen Charakter. Diese schlagen jeden, bei dem sie jeweils in der ersten Liste nicht verzeichnet sind.

An dieser Stelle ist die Idee in die Tat umgesetzt. Um nun auch das selbst gesteckte Ziel, die Verleihung individueller Charaktere zu erreichen, kann man sich eines Tricks bedienen. Nicht alle Charaktere bekommen einen speziellen Namen, sondern manche bekommen eine Art Oberbegriff (*Charakter*). Dieser Oberbegriff ist bei den schlagenden Gegnern verzeichnet. Unter diesem Oberbegriff kann man auf die Spielkarte zusätzlich einen individuellen Namen und ein individuelles Bild machen. Die Spieler dieses Charakters heißen also anders und sehen anders aus, sind von der Funktion her aber alle identisch. Ein Beispiel dazu wäre ein Charakter *Sechstklässer* und darin *Markus*. Ein Charakter *Sechstklässer-Nicole* wäre von der Funktion her identisch. Mit diesen mehrfach vorhandenen Charakteren, die man beliebig hinzufügen oder weglassen kann, lässt sich das Spiel auf die Größe der Gruppe anpassen. Der Nachteil ist, dass pro Spieler eine individuelle Karte erstellt werden muss. Wie gesagt, das Spiel ist etwas für die Profis. Für diese Art von Stratego sind vor allem Geschichten mit vielen bekannten Charakteren geeignet, wie *Harry Potter* oder *Herr der Fliegen*. Denkbarer Gag: Freizeitteilnehmer spielen sich selbst.

Liste:

A schlägt: 1,3,4

B schlägt: 4

C schlägt: 2

D schlägt: 2,3,4

Gegenliste:

1 schlägt: B,C,D

2 schlägt: A,B

3 schlägt: B,C

4 schlägt: C

Abbildung 10.1: Beispiel einer Grafik für asymmetrisches Stratego mit je 4 Charakteren der Mannschaft „Buchstaben" (rot) und „Zahlen" (grün) und den abgelesenen Listen.

10.2 Das halbierte Stratego

Die Verteilung der Charaktere für das Strategospiel weist eine Übereinstimmung mit dem *Coq, Renard, Viper*-Prinzip auf (siehe Abb. 2.2 b), S.6 und Abb. 6.4, S.22, Spielbeschreibung S.33). Während beim Stratego die Charaktere (Untermannschaften) nach einem bestimmten Prinzip in Beziehung gesetzt werden (siehe Abschnitt 6.1, S.21 ff.), kann das für *Coq, Renard, Viper* für die Mannschaften selbst geschehen (siehe Abb. 2.3 b), S.7). Ein *Stratego* mit nur einer Mannschaft, also ein *halbes Stratego*, entspricht folglich einem ausgewogenen Spiel nach dem netzförmigen *Jäger-Beute*-Prinzip für mindestens drei Mannschaften. Ab dieser Mannschaftsanzahl kommt man allerdings kaum um Hilfsmittel (Karten) herum.

10.3 Jäger-Beute-Spiele mit Untermannschaften

Bei *Jäger-Beute*-Spielen ist die Unterteilung der Mannschaften in verschiedene Charaktere nicht sinnvoll, da es unter Umständen zu viele Spieler im Spielfeld gibt, die nicht gegeneinander kämpfen können. Das kann das Spiel ausbremsen. Trotzdem kann das gewollt sein. Bei „Räuber und Gendarm" wäre es möglich, das nur Oberkommissare auch Schwerverbrecher fangen dürfen, während die normalen Gendarmen nur normale Räuber fangen können. In einer anderen Variation wäre es denkbar, nur die Räuber in verschiedene Kriminelle, wie Diebe, Einbrecher, etc. aufzuteilen, wobei ein Oberkomissar (Spielleiter) entscheidet, dass für einen bestimmten Zeitraum nur eine Art Kriminelle gejagt wird. Ebenfalls denkbar ist, dass sich unter den Räubern ein Oberräuber befindet, den die Gendarmen fangen müssen, wobei das Spiel bei Erfolg als von den Gendarmen gewonnen gilt.

Abbildung 10.2: Händlerschiffe bei *Kaufleute und Piraten* (Spielbeschreibung S.28) laufen aus. Die *Schiffe* sind Stocke, an denen sich die Spieler festhalten müssen.

11 Tipps für die Praxis

An dieser Stelle sind ein paar Anregungen zusammengetragen, die für die praktische Arbeit nützlich sein können. Das Wichtigste ist dabei das Brainstorming. Dazu denkt man sich einfach ein paar Begriffe und schreibt sie auf. Dann nimmt man vielversprechende Begriffe davon und denkt sich dazu wieder Begriffe aus, die ebenfalls aufgeschrieben werden. Das ganze wird aber je nur 5 bis 8 Minuten lang gemacht. Mit dem Ergebnis kann ein Thema für ein Geländespiel gefunden und angepasst werden. Nehmen wir den Begriff *Cowboy und Indianer.* Ein gefundener Begriff und mögliches Thema für ein Geländespiel. Jetzt wird der Begriff Indianer genommen, der weitere Begriffe, wie Tomahawk, Marterpfahl, Häuptling, Squaw, Winnetou, Pferde, Pfeile, Wigwam, Lendenschurz, Wagenburg, usw. hergibt. Diese Begriffe lassen sich jetzt immer weiter aufspalten, bis genug Material zusammen ist. Denkbar ist jetzt ein Spiel zum Thema *Cowboy und Indianer.* Es heißt: *Schlacht am Little Big Horn.* Die Indianer erkennt man an der Kriegsbemalung (Dekoration). Die Indianer werden besiegt, indem man ihnen den Lendenschurz (Stofffetzen hinten in der Hose, das Leben) herauszieht. Die Cowboys werden besiegt, indem man sie skalpiert, also einen Kreppbandstreifen vom Rücken abzieht. Solche Gedanken können einfach weitergesponnen werden. Was im Spiel ist was? Kann alles im Spiel so genannt werden, dass es zum Thema passt? Bringen einen Begriffe zu weiteren Regeln, Dekorationen oder Gags? Wird das Spiel vom Häuptling Bindetgroßenbärenauf erklärt? Kreativität ist gefragt! (Vgl. *6.2 Anpassen,* S.25). Ziel ist es, mit gefundenen Begriffen die Bereiche Ort, Personen, Gegenstände und Tätigkeiten abzudecken.

Das Schwierigste ist wohl, ein geeignetes Thema zu finden. Oder überhaupt ein Thema zu finden. Zu bedenken ist, dass *Äpfel gegen Birnen* nicht unbedingt der Reißer ist. Themen wie *Judenverfolgung* sind ebenfalls wenig geeignet und können in der Katastrophe enden.

Themenvorschläge:

Harry Potter	Herr der Ringe	Indianer	Cowboy und Indianer
Wikinger	Griechische Mythologie	Wilde Tiere	Römer
Schotten	Herr der Fliegen	Kelten	Biene Maya
Raumschiff Enterprise	Germanen	Spartaner und Perser	Shaolin
Star Wars	Der Wüstenplanet	Marsmenschen	Berufe
Weltraum	Alien	Ritter	Fastfood
Kosaken	Inka/Maya	Kriegsschiffe	Dschungelbuch
Expedition	Steinzeit	Vampire	Mittelalter
Märchen	Piraten	Fabelwesen	Händler
Atlantis	Gespenster	Roboter	Kopfjäger
Armee	Hunnen	Dinosaurier	Schatzsucher
Zwerge	Druiden	Drachen	Karawanen

12 Großspiele

Manche Gruppen oder Gruppenverbände ermöglichen zu besonderen Gelegenheiten Großgeländespiele. Dies bezieht sich sowohl auf die Anzahl der Spieler als auch auf die Dauer des Spiels. Ein solches Großspiel dauert mindestens 24 Stunden und schließt im besten Fall ohne Pause die Nacht mit ein. Solche Spiele müssen von langer Hand vorbereitet werden. Sie sind in eine Rahmenhandlung eingebettet, die in einem zu erstreitenden Ergebnis, wie der Wahl eines Königs, ihren Abschluss findet.

Einen besonderen Reiz entwickelt so ein Spiel, wenn es als Besiege-Mechanismus den Kampf mit Holzschwert und Schild hat. Dieser Besiege-Mechanismus verlässt sich allerdings auf ehrliche und disziplinierte Spieler. Im Gefecht sind Treffer in der Kopf-/Halsgegend und unterhalb der Gürtellinie tabu. Treffer auf Arme und Hände zählen nicht, Treffer am sonstigen Rumpf gelten als tödlich. Ein so getroffener Gegner scheidet aus und muss abhocken. Nach einer vereinbarten Zeit (ca. 5 min) darf er wieder mitspielen. Jeder Spieler hat Lebensbänder dabei, die er in Mannschaftsfarbe offen trägt. Wird er besiegt, so muss er dem Sieger ein Band als Trophäe abgeben.

Realisierbar ist ein solches Spiel als ein *Gleiche Gegner*-Spiel (siehe S.7) ohne Untermannschaften. Die Dekoration folgt der Rahmenhandlung. Für Schild und Schwert bieten sich das antike Griechenland, Sparta, Römer, Germanen, Kelten, Ritter und Schotten in allen Variationen als historischer Hintergrund an. Ein Subspiel (siehe Abschnitt 5.5, S.18) bereitet den Grund für Angriffe: Es müssen Gegenstände transportiert und/oder gefunden werden, die dem Gegner abzujagen sind. Gleichzeitig verhindert jedes Gefecht, dass Gegner in ihrem Subspiel tätig sind. Außerdem gibt es das Ziel des Spiels vor. Weitere Subspiele sind möglich.

Wegen dem ungeheuren Spaß, den die Spieler dabei haben, gerät das treibende Subspiel allerdings auch gerne zur Nebensache. Der Gegner wird zum Gefecht als Selbstzweck aufgespürt.

Abbildung 12.1: Einmarsch einer Mannschaft (Ritterorden) zur Abschlussveranstaltung bei einem Großgeländespiel.

INFO

Kopiervorlage für das
Geländestratego „Militär",
Spielbeschreibung siehe
Abschnitt 7.6.

mögliche Ziele: Gegnerischen
General oder Koch besiegen.

Mittlere Charaktere:
Schütze, Pionier, Kanonier

mögliche Befreier:
Sani, Koch

General

schlägt: Sani, Offizier,
Kanonier, Schütze,
Pionier, Feldwebel

Offizier

schlägt: Feldwebel,
Kanonier, Schütze,
Pionier, Sani

Feldwebel

schlägt: Koch, Sani,
Kanonier, Schütze,
Pionier

Sani

schlägt: Koch, Pionier,
Kanonier,

Kanonier

schlägt: Koch,
Schütze

Pionier

schlägt: Koch,
Kanonier

Schütze

schlägt: Sani, Koch,
Pionier

Koch

schlägt: General,
Offizier

INFO

Kopiervorlage für das Geländestratego *„Steinzeit"*, Spielbeschreibung siehe Abschnitt 7.6.

mögliche Ziele: Gegnerischen Schamanen besiegen.

Mittlere Charaktere: Jäger, Hirschfänger

mögliche Befreier: Regentänzer, Späher

Amazone

schlägt: Schamane, Späher

Späher

schlägt: Regentänzer, Schamane

Jäger

schlägt: Amazone Schamane, Späher, Regentänzer

Jäger

schlägt: Amazone Schamane, Späher, Regentänzer

Hirschfänger

schlägt: Späher Jäger, Mammuttöter, Amazone

Mammuttöter

schlägt: Regentänzer, Schamane, Jäger, Amazone, Späher

Regentänzer

schlägt: Hirschfänger, Schamane, Amazone

Schamane

schlägt: Hirschfänger

INFO

Kopiervorlage „*Dschungelbuch*",
Spielbeschreibung siehe
Abschnitt 7.6.

mögliche Ziele: Mowgli oder
Shir Khan besiegen.

Mittlere Charaktere:
Bandar Log, Kaa

mögliche Befreier:
Akela, Hathi

Mowgli

schlägt: Shir Khan, Kaa

Kaa

schlägt: Bandar Log, Hathi, Baloo, Bagheera

Hathi

schlägt: Mowgli, Akela, Bandar Log, Shir Khan

Baloo

schlägt: Akela, Hathi, Bandar Log, Mowgli

Bagheera

schlägt: Akela, Hathi, Bandar Log, Mowgli, Baloo

Shir Khan

schlägt: Bagheera, Bandar Log, Akela, Kaa, Baloo

Akela

schlägt: Kaa, Mowgli

Bandar Log

schlägt: Akela, Mowgli

Erzſchürfer

Erzſchürfer

Erzſchürfer

Erzſchürfer

Erzſchürfer

Erzſchürfer

Erzſchürfer

Erzſchürfer

INFO

Kopiervorlage für das Nacht-Geländestratego *„Erzschürfer und Langbärte"*, Spielbeschreibung siehe Abschnitt 8.3.

Vorderseite der Erzschürfer-Karten (Mannschaft 1)

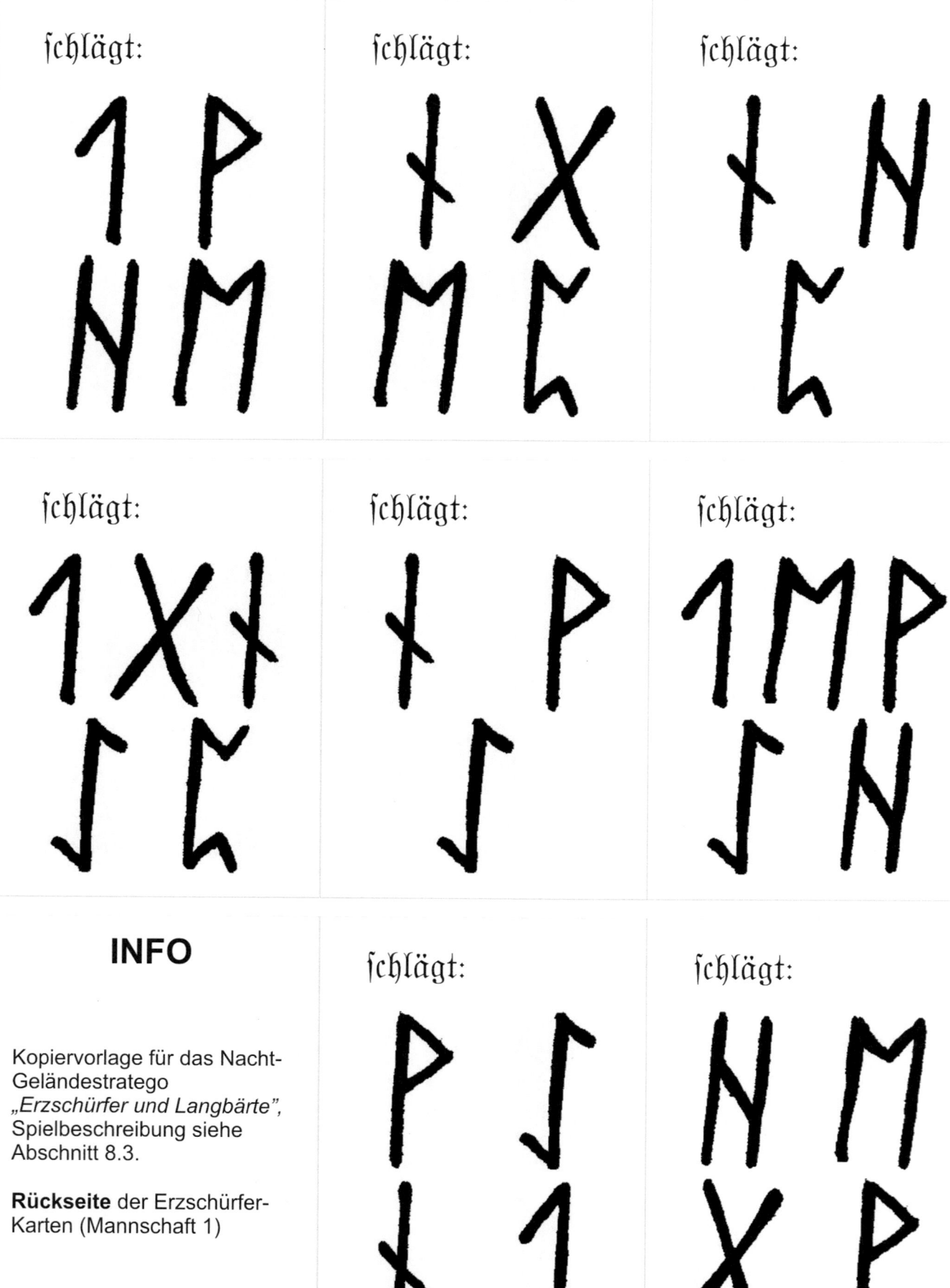

schlägt:

schlägt:

schlägt:

schlägt:

schlägt:

schlägt:

INFO

Kopiervorlage für das Nacht-Geländestratego „*Erzschürfer und Langbärte*", Spielbeschreibung siehe Abschnitt 8.3.

Rückseite der Erzschürfer-Karten (Mannschaft 1)

schlägt:

schlägt:

Langbart

Langbart

Langbart

Langbart

Langbart

Langbart

Langbart

Langbart

INFO

Kopiervorlage für das Nacht-Geländestratego *„Erzschürfer und Langbärte"*, Spielbeschreibung siehe Abschnitt 8.3.

Vorderseite der Langbärte-Karten (Mannschaft 2)

53

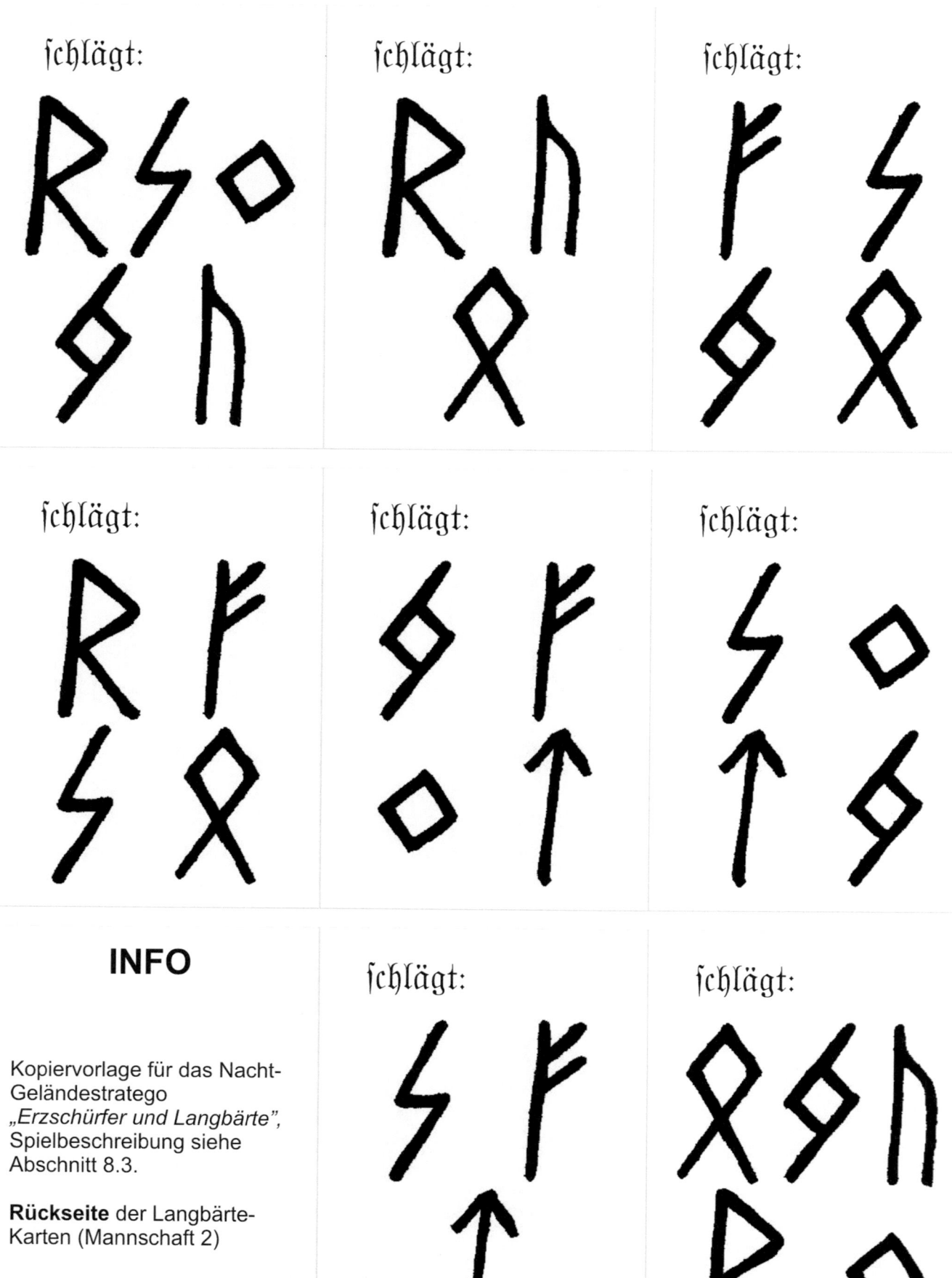

13.2 Kaufleute und Piraten

Vorderseite

Kehrseite

Vorderseite

Kehrseite

Vorderseite

Kehrseite

Seid Ihr

PIRATEN,

so gilt:

Bringt dieses

INKA-GOLD

mit dieser Karte nach Atlantis. Dort bekommt Ihr dafür eine Fracht. Diese bleibt bei Euch.

Vorderseite

Seid Ihr

Kaufleute,

so gilt:

Bringt diese *tropische Frucht* mit dieser Karte an euer nächstes Ziel. Ihr bekommt dafür eine Fracht gutgeschrieben.

Kehrseite

Info:

Diese Karte wird an einer Zitrone befestigt und so im Spielfeld abgelegt.

Seid Ihr

PIRATEN,

so gilt:

Gegen diese Karte bekommt Ihr in Atlantis eine **HÄNDLERKARTE** des Spielfelds, auf der Landmarken verzeichnet sind.

Vorderseite

Seid Ihr

Kaufleute,

so gilt:

Versteckter Laderaum! Nehmt gegen diese Karte am nächsten Hafen eine *geheime Fracht* auf. Sie kann von Piraten nicht gefunden werden.

Kehrseite

Seid Ihr

PIRATEN,

so gilt:

BEWAFFNUNG!

Viel Spaß!

Vorderseite

Seid Ihr

Kaufleute,

so gilt:

Bewaffnung!

Viel Spaß!

Kehrseite

Info:

Diese Karte wird an einem Beutel voller Wasser- bomben befestigt und so im Spielfeld abgelegt.

Tulpen

von

Ratterdom

nach

Kulkatta

Wolle

von

Sydnei

nach

Piverlool

Gewürze

von

Kulkatta

nach

Sydnei

Kohle

von

Piverlool

nach

Ratterdom

Gold

von

Atlantis

nach

Ratterdom

Edelsteine

von

Atlantis

nach

Piverlool

Elfenbein

von

Atlantis

nach

Sydnei

Seide

von

Atlantis

nach

Kulkatta

Geheime Fracht

Für den versteckten Laderaum der Sonderkarte

SCHATZKARTE TEIL I VON III

Genau südlich von Sydnei und genau westlich von Piverlool liegt ein roter Stein.

(Diese Karte bleibt hier)

SCHATZKARTE TEIL II VON III

Von hier halbe Strecke zum Fels von Gabriltar liegt ein Stein mit einem weißen Kreuz

(Diese Karte bleibt hier)

SCHATZKARTE TEIL II VON III

Gehe zwei Schritte zur ersten Karte. Folge der Schnur darunter.

(Diese Karte bleibt hier)

14 Dieses Buch entstand unter Mitwirkung von:

Sportjugend Rheinland-Pfalz

Weinbacher Wandervogel

Christliche Pfadfinderschaft Saar

Pfadfinderbund Kreuzfahrer

Jungenbund Phoenix

insbesondere Richard Siebert (Referent der SJ Rheinland-Pfalz) durch die vielen Anregungen und eingebrachte Ideen, Otto Lohmüller (Pfadfinder Gengenbach), Alexej Stachowitsch (Jungenbund Phoenix) sowie meiner Lebensgefährtin Jenny Kehrbusch.